Kurt Tepperwein

Berufskrise ade!

Frei sein **von Arbeitssucht, Stress, Burnout**, Mobbing, Innerer Kündigung und Arbeitslosigkeit

Das Arbeitsleben neu entdecken: Seminaressenzen

AF140394

Kurt Tepperwein

Berufskrise ade!

Frei sein von: Arbeitssucht
Stress
Burnout
Mobbing
Innerer Kündigung
Arbeitslosigkeit

Das Arbeitsleben neu entdecken:

Seminaressenzen

2016 © by IAW Anstalt, Vaduz
www.iadw.com

ISBN: 978-3-7392-4912-4

Die Deutsche Nationalbibliothek verzeichnet diese Publikation
in der Deutschen Nationalbibliografie; detaillierte bibliografische Daten
sind im Internet über www.dnb.de abrufbar.

Umschlaggestaltung, Satz und Layout: Marion Musenbichler, www.layART.li
Umschlagmotiv und Illustrationen: © fotolia.com/Jr Casas
Ausmalbilder: © fotolia.com/irinakrivoruchko, ivook,
Alexandra Sitnikova, depiano, Matthew Cole, irinakrivoruchko

Herstellung und Verlag: BoD – Books on Demand, Norderstedt
Made in Germany

Internationale Akademie der Wissenschaften (IAW) Anstalt, FL-9490 Vaduz
Tel. +423/233 12 12, Fax +423/233 12 14

INHALTSVERZEICHNIS

Zu Beginn

Arbeit ist ein Wort, das mit Geldverdienen verbunden wird und somit immer noch als notwendiges Übel, als unumgängliches Muss, angesehen wird. Wer nicht arbeitet, ist faul und kann sich nichts leisten. Faule Menschen, die nichts besitzen, werden von der Gesellschaft ausgeschlossen, und da wir das nicht wollen, schwimmen wir mit. Wir fügen uns und tun das, was sich gehört und was alle anderen auch tun: arbeiten. Arbeit und Freude?!

Kann ein Zwang Freude bereiten oder machen wir etwas falsch? Ist es die Einstellung zur Arbeit, die wir ändern sollten, oder haben wir die falsche Tätigkeit, wenn wir lustlos Stunden absitzen oder irgendwie anders abdienen. Freude an der Arbeit haben nicht viele. Freude bereitet vielleicht das, was wir mit dem verdienten Geld anstellen, aber alles andere?

Gerade in dieser Trennung zwischen Arbeit und Freude in unserer modernen Arbeitswelt liegt die

Wurzel für einen Großteil unserer Lebenskrisen, für die Krise unserer Familien. Wir nehmen Arbeit in Kauf, die uns krank macht, um Geld zu verdienen und leben zu können.

Wir machen unseren Job herzlos und wundern uns, dass irgendwann etwas mit unserem Herzen nicht stimmt. (Die meisten Herzinfarkte treten zu Beginn der Arbeitswoche montags morgens zwischen 9 und 11 Uhr auf.)

Nun ist es so, dass arbeitslose Menschen gerne nach der Arbeit suchen, mit der sie am meisten verdienen können. Nur wenige Menschen halten nach einer Tätigkeit Ausschau, bei der es in erster Linie um Freude und Befriedigung geht.

Nicht umsonst erfreut sich das Network Marketing immer größerer Beliebtheit. Das liegt sicher nicht daran, dass das eine so wundervolle Aufgabe ist, sondern daran, dass Mitarbeiter mit dem großen Geld locken. Ob es Gesundheitsprodukte oder Gebrauchsgegenstände sind, die Frau an den Mann bringen muss, dem Neueinsteiger ist es oft ganz gleich, mit welchem Produkt er viel verdienen kann.

Auch die Ausbeutung von Tieren obliegt diesem Geldverdienen-wollen-Wunsch. Es scheint vielen ganz gleich zu sein, ob miserable Produkte, Schönheitsmittel ohne Wirkungen oder Tiere herhalten müssen, Hauptsache, der Monatslohn stimmt.

Bei dieser Einstellung müssen wir uns wirklich nicht wundern, dass unser Leben nie in Einklang kommt und wir niemals glücklich sein werden. Das versteht sich wohl von selbst. »Was kann ich anbieten« sollte also die Frage »was kann ich verdienen« ablösen, und schon würde unser Leben eine ganz neue Richtung einschlagen.

Die Trennung zwischen Arbeit und Freude (die wir nur in der Freizeit sehen) durchschneidet unser Leben vom Kopf bis zur Fußsohle und macht uns zu gespaltenen Persönlichkeiten. Denn hier wird viel mehr getrennt als nur Arbeit und Freude: die männliche Welt hier (Arbeit), die weibliche Welt da (Familie), das Rationale (Arbeit) und das Gefühlsmäßige (Private), das Sinnlose (Arbeit als Hamsterrad) und das Sinnerfüllende (Familie als Sinn). Wir trennen sogar Arbeit vom Leben: Wir arbeiten, um zu leben.

Die Trennung geht noch viel tiefer: Wenn wir arbeiten, arbeiten wir nicht für den Augenblick, sondern für die Zukunft: für den Feierabend, für das Wochenende, für ein paar Wochen Urlaub im Jahr, für die Ausbildung unserer Kinder etc.

Wir leben während der Arbeit nicht im Jetzt, sondern für die Zukunft. Wir sparen für unseren Ruhestand, für die Zukunft der Kinder und ihre Ausbildung. Doch durch die Art unserer Arbeit (Raubbau an den Ressourcen der Erde) zerstören wir die Zukunft unserer Kinder. Das ist schizophren. Wir arbeiten für unsere Familie.

Gleichzeitig zerstören wir durch die Art unserer Arbeit unsere Familie. Auch das ist nicht viel besser. Wir werden als halbierte Menschen (auf den Beruf spezialisiert – auf die Familie spezialisiert) voneinander abhängig: Die Frau braucht einen Mann als materiellen Ernährer, und der Mann braucht die Frau als emotionale Ernährerin und Haushälterin. Auch wenn Frauen heute selbständiger sind, so ist diese Rollenverteilung ganz stark in uns eingeimpft. Auch wenn wir es anders leben als früher, Frau und Mann haben Prägungen in sich, die sich nicht einfach ignorieren lassen.

Abhängigkeit ist nach wie vor ein großes Thema. Abhängigkeit zerstört Liebe und degeneriert Liebe zu einem Zweckbündnis. Mehr noch: Wir verstehen uns nicht mehr, weil in jeder dieser Welten eine andere Sprache gesprochen wird.

Die Sprache der Männer ist Berufssprache, die Sprache der Frauen Beziehungssprache. Die Trennung von Arbeit und Freude zerreißt letztlich unser ganzes Leben. Nichts funktioniert mehr ganzheitlich.

Wir diskutieren seit Jahren über die »Krise des Mannes«. Hier in der materialistisch orientierten Arbeitswelt ist der Ursprung dieser Krise zu finden. Ein Mann definiert sich im Wesentlichen über seine Arbeit. Er ist es gewohnt, sich mehr mit seiner Arbeit zu identifizieren als mit seiner Familie. Natürlich arbeitet er für seine Familie!

Doch das, was er vor allem vorzuweisen hat, ist ein Einkommen, das Auto, das er sich dafür leisten kann, das Haus, kurz: materielle Statussymbole. Dieses Arbeitssystem funktioniert nicht mehr, und Mann funktioniert nicht mehr.

Männer leben im Durchschnitt 7 Jahre weniger als Frauen. Männer sind Täter und Opfer von Gewaltanwendungen. Die meisten Gefängnisinsassen sind Männer.

Die Selbstmordrate bei Männern liegt wesentlich höher als bei Frauen. Männer leben ein stilles Leben der Verzweiflung. Kaputte Männer produzieren kaputte Familien. Dies sind nur ein paar Punkte von Verhaltensmustern, die unweigerlich einen Einfluss auf unser Leben nehmen. Wir können das nicht ändern, auch wenn wir uns anders verhalten können. Wir können die negative Auswirkung unserer Art, wie wir arbeiten, auf den Rest des Lebens gar nicht richtig einschätzen.

Wie viele Männer sagen: »Ich arbeite, um meine Familie zu versorgen. Ich frage mich nicht, ob mir die Arbeit Freude bereitet.« Doch gerade diese Einstellung ist fatal. Ein Mann, der auf freudlose Weise sein Leben für andere »opfert«, braucht als Ausgleich Achtung, Liebe und Zuwendung der Frau, der Familie. Er ist darauf angewiesen wie ein kleines Kind. Wie viele Frauen sagen, Männer würden nie erwachsen werden!

Doch dieses »Brauchen« des anderen führt am Ende immer zum Missbrauch des anderen.

Wie soll eine Frau den Mann achten, wenn er sich über seine Arbeit identifiziert, die er selbst nicht achten kann?

Soll sie ihn lieben, weil er sich »für die Familie« opfert?

Macht einen die Opferhaltung liebenswert?

Bestimmt nicht!

Es macht höchstens mitleidig!

Wenn wir schon nicht geliebt werden, so wollen wir wenigstens Mitleid, wir opfern uns ja! Mitleid erhaschen wollen wird schnell zur emotionalen Erpressung. Das Mitleid macht solche Männer höchstens zu kleinen Jungs, die den Trost von Mama brauchen, wenn sie sich beim Spielen verletzt haben. Männer erleben in der entfremdeten Arbeit widerstandslos ihren ökonomischen Missbrauch. Und es ist kein Wunder, dass sie als Opfer im privaten Bereich zu Gewalt- und Missbrauchstätern werden. Missbrauch tritt in Form der Selbstschädigung auf (Alkoholmissbrauch) oder der körperlichen und sexuellen Schädigung anderer (der Familien, der Kinder).

Immer mehr Frauen drängen in diese männlichen Domänen der Arbeit. Es bringt nichts, sich herzloser Arbeit anzupassen, sich selbst zu »vermännlichen« und somit hart zu werden. Es geht darum, die Einstellung und die Art der Arbeit zu verändern, so dass sie zu einer Quelle der Freude wird.

In diesem Buch wollen wir die krank machende Seite der materialistischen Arbeitsweise wie Arbeitssucht, Stress, Burnout, Mobbing, innere Kündigung und Arbeitslosigkeit in den verschiedenen deutlichen Auswüchsen beleuchten.

Arbeitssucht

Auch Arbeit kann zu einem zwanghaften Verhalten werden: die »Überidentifikation« mit der Arbeit. Der arbeitssüchtige Mensch ist mit seiner Arbeit »verheiratet«. Die Arbeit steht an erster Stelle. Erst danach kommen Familie, Freunde und Vergnügen. Es erscheint uns zwar so, dass Süchtige ihr Suchtmittel genießen.

Doch in Wahrheit sind sie abhängig und können nicht anders. Es ist wie Alkoholsucht. Im Englischen heißen die Arbeitssüchtigen »Workaholics«. Arbeit um der Arbeit willen. Hier wird man endlich gebraucht! Ohne einen funktioniert der Laden nicht mehr, der Betroffene scheint Leistungsträger Nr. 1 der Firma zu sein. In Wirklichkeit jedoch wird die eigene Abhängigkeit von der Arbeit auf die Firma projiziert. Sie sei von dem unbewusst Arbeitssüchtigen abhängig und könne ohne ihn nicht existieren. Das ist wirklich ein Wahn von Macht!

Wenn Arbeit zur Sucht wird, können viele Menschen die arbeitsfreie Zeit nicht mehr richtig genießen. Arbeit wird mit nach Hause und sogar mit in den Urlaub genommen. Wenn man »nichts tut«, hat man ein schlechtes Gewissen. Es kommt zu Entzugserscheinungen. Man fühlt sich unwohl.

Das Nichtstun beunruhigt, weil vom Inneren her Dinge aufsteigen, die man seit jeher unter den Teppich gekehrt hat. Der Mensch hat verlernt, sich mit sich selbst zu beschäftigen, und überdeckt ungute Gefühle mit Arbeit.

Deshalb ist er für Mitarbeiter und Chef stets über das Handy erreichbar, und das jederzeit. Er kann weder das Handy noch seinen Kopf abschalten und will es auch nicht, denn Ruhe ist ihm fremd. Sich in Familie oder Job zu verwirklichen aber ist einfach, innere Verwirklichung hingegen erfordert wesentlich mehr als äußere Bewegungen.

Von der Aufgabe zur Hingabe, lautet die Devise, da jede Aufgabe stets der Selbstfindung dient. Der Job ist da zum Geldverdienen, und Kinder sind da, um sie zu erziehen. Dieser Schein trügt, da dies alles nur unsere Lehrmeister auf dem Weg zu uns selbst sind.

Arbeitssucht ist eine Flucht. Wenn man sich in der Arbeitswelt eingerichtet hat und sich in der Welt der Familie, der Privatwelt nicht mehr zurechtfindet, ist die Mehrarbeit ein gutes Alibi, um sich in der Familie, für das Private, also die gefühlsmäßigen Beziehungen nicht weiter engagieren zu müssen. Arbeitssucht lässt Emotionen verkümmern und ist häufig eine Flucht vor Emotionen.

Dieses Phänomen der Arbeitssucht ist gerade bei Selbständigen zu beobachten! Hatten sie sich selbständig gemacht, um als »eigener Chef« ein freies Leben zu führen, so ist bei den meisten Selbständigen eine erschreckend niedrige Lebens-qualität festzustellen. Wie viele haben seit Jahren keinen Urlaub mehr gemacht! Wie häufig werden Wochenenden geopfert, um Buchhaltung und schriftliche Korrespondenz nachzuarbeiten!

Oft geraten Selbständige in eine viel größere Abhängigkeit von Kunden, Banken und ihrer eigenen Arbeitssucht als Lohn- und Gehaltsabhängige. Sie sind häufig unterversichert, vernachlässigen eine systematische Altersvorsorge und verlieren sich in diesem »Ich-muss-ja-um-zu-verdienen-Gedanken«. Der aktuelle Konkurrenzkampf, die Angst vor der Pleite und die Sorge um die Zukunft nimmt sie so ein, dass nur wenig Zeit für andere Dinge bleibt. Schauen wir uns einen Arbeitssüchtigen genauer an. Er steht ständig unter Zeitdruck. Hat Termine über Termine und lebt strikt nach der Uhr und seinem Terminplaner.

Der Arbeitssüchtige erlegt sich selbst Stress auf, er versucht in einer vorgegebenen Zeit mehr zu erreichen, als erreichbar ist. Er lebt in ständigem Aktionismus, ist hyperaktiv. Dieses »Druck-Machen« gilt nicht nur für die Firma, sondern auch im privaten Bereich, vor allem für ihn selbst. Er sagt so häufig »Keine Zeit!«, wie andere »Guten Tag!« sagen. Keine Zeit zu haben, ist für ihn ein Zeichen der Berufsehre. Dabei fehlt ihm in Wirklichkeit die Zeit zum Leben. Durch dieses zeitlich verplante Leben wird er unnahbar.

Der Arbeitssüchtige scheint der eigenen Arbeit regelrecht verfallen zu sein. Er arbeitet nicht, sondern wird gearbeitet. Er überidentifiziert sich mit seiner Arbeit, kann nicht mehr loslassen und sich nicht mehr distanzieren. Er und seine Arbeit sind eins. Darüber hinaus gibt es nichts. Nichts darf kritisiert werden, da Kritik an seiner Arbeit Kritik an seiner Person ist. Er ist überempfindlich und gerät schnell außer Kontrolle.

Er lebt in einem ständigen Konkurrenzkampf. Mitbewerber sind aus dem Schlachtfeld zu vertreiben. Das ganze Leben ist ein Kampf. Es gilt nur gewinnen oder verlieren. Am Ende verliert er seine Leistungsfähigkeit und Gesundheit.

Er ist ungeduldig, getrieben, herzlos und gefühlskalt. Er kann nicht hinhören und ist für nonverbale Signale und Kommunikation kaum zugänglich. Er flieht vor Ruhe und Stille. Spontanes und ungeplantes Handeln wird undenkbar. Er ist irgendwie unausstehlich, denn »wer das Leben nicht genießt, ist ungenießbar«.

Zwei Folgen der Arbeitssucht sind in der Regel festzustellen:

Eine Sucht kommt selten allein: Um den eigenen Anforderungen Genüge zu tun, *wird der Körper bis an seine Grenzen ausgebeutet:* zu wenig Schlaf und Entspannung, zu wenig Bewegung, schlechte Ernährung, Missbrauch von Genussmitteln (Koffein, Nikotin, Alkohol), Missbrauch von Medikamenten. Die Gesundheit nimmt rapide ab, der Körper streikt!

Das Fatale daran: Eine solche Einstellung zur Arbeit führt über kurz oder lang *zu einem dramatischen Leistungsabfall!* Jede Kreativität verschwindet! Es gibt keine genialen Einfälle und nichts Außergewöhnliches oder Besonderes mehr. Der Arbeitssüchtige, der sich einbildet, Leistungsträger seiner Firma zu sein, findet sich plötzlich im Abseits wieder!

Arbeitssucht endet meistens *in einer existentiellen Krise*: Entlassung oder Konkurs bei Selbständigen. Weil die Leistung nicht mehr stimmt, kommt es zu gesundheitlichen Problemen, wie z. B. Herzinfarkt. Nicht selten ist eine Zerrüttung der Ehe und der Familie die Folge. Das auf materialistische Arbeit orientierte Leben platzt wie eine Seifenblase.

Kurz gesagt – alles anders, als man es erwartet und geplant hat!

Warum?

Weil sich das Leben und Wohlbefinden nicht wie ein Termin planen lassen.

Erste Hilfe bei Arbeitssucht

Arbeitssucht muss zunächst einmal als solche erkannt werden. Wer sich selbst belügt oder nicht zu sich steht, wird aus diesem Hamsterrad keinen Ausweg finden. Also seien Sie ehrlich zu sich selbst und testen Sie sich! Folgende Fragen können ein erster Schritt in die innere Freiheit sein.

Sind Sie arbeitssüchtig?
Ein Fragebogen frei nach Dr. James Nora

Kreuzen Sie die Fragen an, die Sie mit JA beantworten können, und zählen Sie die bejahten Fragen am Ende zusammen.

	JA	NEIN
Glauben Sie, dass Sie pro Tag genügend Zeit haben, um alle wichtigen Dinge wirklich zu erledigen?	☐	☐
Gehen, essen und bewegen Sie sich stets schnell?	☐	☐
Erfüllt Sie Langsamkeit, mit der andere arbeiten, mit Ungeduld?	☐	☐
Sagen Sie zu jemandem, der mit Ihnen spricht, gerne »Hm-m, hm-m« oder »Ja, natürlich, ja, ja«, um ihn unbewusst in seinem Denken und Sprechen voranzutreiben?	☐	☐

Neigen Sie dazu, Sätze anderer zu vollenden, damit das Gespräch schneller geht? ☐ ☐

Reagieren Sie verärgert oder vielleicht sogar wütend, wenn ein Auto auf der Fahrbahn vor Ihnen Ihrer Meinung nach zu langsam fährt? ☐ ☐

Sind Sie gereizt, wenn Sie irgendwo Schlange stehen oder in einem Restaurant auf einen Platz warten müssen? ☐ ☐

Finden Sie es unerträglich, wenn Sie anderen bei der Arbeit zusehen müssen, von der Sie wissen, dass Sie sie rascher erledigen können? ☐ ☐

Werden Sie ungeduldig, wenn Sie sich gezwungen sehen, irgendwelche langweiligen Tätigkeiten auszuführen (z. B. Überweisungen oder Schecks ausfüllen, den Abwasch machen usw.), die zwar unerlässlich sind, Sie aber von wichtigeren Dingen abhalten? ☐ ☐

Beeilen Sie sich beim Lesen und versuchen Sie auch bei wertvoller Literatur, sich auf Zusammen- oder Kurzfassungen zu beschränken oder den Text nur zu überfliegen? ☐ ☐

Versuchen Sie oft, zwei Dinge auf einmal zu denken oder zu tun? *(Als Beispiel: Sie hören jemandem zu und zerbrechen sich gleichzeitig den Kopf über eine andere Angelegenheit?)*

☐ ☐

Denken Sie auch in Ihrer Freizeit und während der Erholung über geschäftliche und berufliche Probleme nach?

☐ ☐

Neigen Sie dazu, (a) in Ihrem üblichen Redefluss auch dann bestimmte Wörter stark zu betonen, wenn dies nicht nötig ist, und (b) die letzten Wörter Ihrer Sätze wesentlich schneller zu sprechen als die ersten?

☐ ☐

Benoten Sie gerne mit Zahlen nicht nur Ihre eigene, sondern auch die Tätigkeit anderer?

☐ ☐

Nehmen Sie abends häufig Akten mit nach Hause?

☐ ☐

Beißen Sie oft ganz fest Ihre Kiefer aufeinander oder knirschen Sie mit den Zähnen?

☐ ☐

Angenommen, Sie sind fest angestellt: Haben Sie dann oft Termine, deren Einhalten Ihnen schwerfällt?

☐ ☐

Klopfen Sie im Gespräch oft mit der Faust auf den Tisch oder bewegen Sie Ihre Hände schwungvoll in der Luft mit dem

Ziel, einen Gesprächspunkt besonders zu
unterstreichen? ☐ ☐

Versuchen Sie immer mehr Arbeit und
Termine in immer weniger Zeit zu bewältigen? ☐ ☐

Haben Sie beinahe immer ein unbe-
stimmtes Schuldgefühl, wenn Sie entspannen und mehrere Stunden oder Tage
lang überhaupt nichts tun? ☐ ☐

Finden Sie es schwierig, in der Gesellschaft nicht über Dinge zu reden, die
Ihren Job betreffen? ☐ ☐

Und wenn Sie nicht darüber reden, hören
Sie den geführten Gesprächen zu, ohne
sich in Ihren abschweifenden Gedanken
zu verlieren? ☐ ☐

Sind Sie mit Ihrer derzeitigen Arbeit unzufrieden? ☐ ☐

Auswertung: Wenn Sie bis zu 10 Punkte angekreuzt
haben, gilt das als relativ neutral. Bei mehr als 14 bejahten Aussagen ist die Wahrscheinlichkeit sehr groß,
dass Sie zu viel arbeiten und bereits arbeitssüchtig
sind.

Der Folgeschritt ist ein monatlicher Test, den Sie immer wieder überprüfen sollten. Stellen Sie sich bestimmte Aufgaben, die Sie einhalten und pflegen. Disziplin ist nicht nur bei der Arbeit wertvoll, sondern auch beim Versuch, sich ihrer zu enthalten.

- *Keine freiwilligen Überstunden*
- *Keine Arbeit mit nach Hause nehmen*
- *Am Wochenende vollkommen abschalten*
- *Außerhalb der Arbeit keine Gespräche mehr über die Arbeit führen*
- *Handy ausschalten und außerhalb der Arbeitszeit nicht erreichbar sein*
- *Bewusste Freizeitgestaltung*

Meine Ergänzungen

Stress

Es gibt durchaus auch Stress, der dem Menschen in keiner Weise schadet. Ein gesunder Stress hält den Menschen nicht nur gesund, er sorgt auch für eine gesunde Portion Lebendigkeit im Alltag.

Wenn Arbeit Freude bereitet und zu einer tiefen inneren Befriedigung führt, leidet der Mensch nicht unter dem mit ihr verbundenen Stress. Man nennt diesen eher anspornenden Stress „Eustress". Wer aber keine Freude an seinem Beruf findet, erlebt negativen Stress, den sogenannten „Disstress".

Der Arbeitssüchtige macht sich den Stress durch den eigenen Druck selbst. Wer jedoch nicht arbeitssüchtig ist und seine Arbeit trotzdem als Stress empfindet, der ist mit einem anderen Problem konfrontiert: etwas zu tun, was er im Grunde gar nicht tun will.

Es ist ein Symptom dafür, nicht das zu leben, was zur Erfüllung führt. Sich einem fremden Rhythmus anzupassen, der dem eigenen nicht entspricht, oder eine Rolle zu spielen, die nicht die eigene ist, wird immer mit Unzufriedenheit verbunden sein. Stress führt zum chronischen inneren Konflikt, zu einer Belastung, die unnatürlich ist.

Es folgt eine Überanstrengung, nämlich ein ständiger innerer Widerstand gegen das, was man tut. Häufig kommt noch dazu, dass man sich mit dem, was man da tut, überhaupt nicht identifizieren kann oder es im schlimmsten Falle gar verabscheut. »Ich weiß, dass ich in meiner Firma seit Jahren an organisierten Wirtschaftsverbrechen beteiligt bin«, ist eine Aussage, die mehr als fragwürdig ist. Wie viele Menschen wissen, dass die Arbeit, die sie zu verrichten haben, im Grunde unmoralisch ist?

Es ist gar nicht so sehr die Arbeit selbst, die als so stressig empfunden wird, sondern dass die Arbeit einen inneren Widerstand erzeugt. Aus einem Dagegensein heraus wird man seine Kraftreserven nicht mobilisieren können.

Schon relativ geringe Leistungsanforderungen bringen einen an den Rand der Leistungsfähigkeit und des Zusammenbruchs. Man fühlt sich schnell erschöpft, weil zu wenig Energie vorhanden ist. Die ganze Kraft wird durch innere Konflikte verbraucht.

Stress bedeutet letztlich, sich außerhalb des Zentrums zu befinden, also nicht in seinem Zentrum zu sein. Das Zentrum des Menschen ist das Herz und nicht das Hirn.

Wer aus dem Herzen heraus handelt, wirkt innerem Stress entgegen. Er kann den inneren Konflikt hinter sich oder erst gar nicht aufkommen lassen, und ungeahnte Energien werden freigesetzt. Die eigene Arbeitssituation aus dem Augenblick heraus zu erleben und über das Herz geschehen zu lassen, ist wirklich eine verblüffende Lösung.

Ein Rezept für stressfreies Tun und entspanntes Handeln. Wir können ganz einfach Stress auflösen, indem wir die Situation aus dem Herzen wahrnehmen, mit dem Herzen kommunizieren und aus dem Herzen heraus handeln.

Dadurch sind wir in unserer Mitte und in der Vollmacht unserer ganzen Energie. Dann können wir durchatmen und uns weitgehend sogar von unnötigen Herzkrankheiten verabschieden.

Tue bei der Arbeit, was dir Freude macht.

Tao Te Ching

Erste Hilfe bei Stress

Halten Sie in einer Situation, die Sie besonders stresst, ganz kurz inne. Nehmen Sie mehrere tiefe Atemzüge, treten Sie gedanklich sozusagen aus der Situation heraus. Spüren Sie durch die Beobachtung Ihres Atems, dass Sie wieder bei sich sind. Und jetzt atmen Sie ganz bewusst in Ihr Herz und durch Ihr Herz.

Fragen Sie sich nicht, wie das geht, machen Sie es einfach. Spüren Sie, dass sich in Ihrem Gesicht wieder ein leichtes Lächeln zeigt. Öffnen Sie Ihr Herz, indem Sie Gedanken Gedanken sein lassen und sich auf den Augenblick konzentrieren. So können Sie eine stressige Situation leichter bewältigen, bevor Sie den Stress bewältigen müssen. Das Herz ist der Kanal der Intuition. Durch das Herzatmen, die Öffnung für die Herzenergie, treten Sie mit einer höheren Intelligenz in Kontakt.

Sie können jederzeit eine Botschaft empfangen; Botschaften erhalten Sie ständig! Jeder Augenblick spricht zu Ihnen. Durch einen Einfall, eine Idee, eine äußerliche Geste, einen Vorfall, eine Zeitung, ein Lied im Radio etc. Es gibt keinen Augenblick, in dem Sie das Leben ignoriert, warum also tun Sie es?

Nehmen Sie alles, was in Ihr Leben tritt, was Sie umgibt und da ist, bewusst wahr und deuten Sie es richtig.

Etwas richtig zu deuten bedeutet nicht nach Hinweisen zu suchen und allem auf den Grund zu gehen. Dies müssen Sie, wenn Sie in Gedanken verstrickt sind, aber gerade dann werden Sie es nicht finden. Lassen Sie sich in den Augenblick hineinfallen und sehen Sie das, was er Ihnen zu bieten hat.

Mit nur wenigen Atemzügen kommen Sie wieder in Ihre Mitte, und das kann Ihnen viel Stress ersparen. Um Vertrauen in die Wirksamkeit dieser kleinen Übung zu gewinnen, sollten Sie die intuitive Eingebung, die Sie jetzt erreicht, »gedankenlos« in die Praxis umsetzen – ohne sich dabei von Ihrem »inneren Kritiker« ablenken zu lassen.

Statt dem Stress zu erliegen und irgendwann einen Zusammenbruch zu erleiden, sollten Sie Stress als eine Herausforderung für persönliches Wachstum sehen. Je mehr Sie bei sich selbst sind und aus dem Herzen heraus handeln, also das tun, was Ihnen wirklich Freude bereitet, desto mehr wird Stress aus Ihrem Leben verschwinden. Dann sind Sie nicht nur der Hauptdarsteller, sondern auch der Drehbuchautor im Spiel Ihres Lebens.

Die Freude, die vor oder nach einer Tat herrscht, ist nicht die wahre Freude.

Ich male mich frei

Nehmen Sie sich die Zeit und lassen Sie Ihrer Kreativität freien Lauf. Greifen Sie zu Farben, ob bunt oder matt, malen Sie das erste Bild so aus, wie Sie sich gerade fühlen. Danach ruhen Sie sich kurz aus, gehen Sie an die frische Luft, entspannen Sie bei schöner Musik oder tun Sie etwas, was Sie frei von Gedanken einfach genießen können. Anschließend malen Sie die zweite Seite aus. Sie werden verblüfft sein, welche Unterschiede sichtbar werden.

Meine Ergänzungen

Burnout

Burnout ist die Folge der Missachtung eigener Bedürfnisse. Durch ein »Zuviel« welches man sich zumutet, wird das eigene System lahmgelegt und geschwächt. Man wird vom Feuer der Überanstrengung und völliger Ignoranz seines Selbst wortwörtlich ausgebrannt. Von diesem »Ausgebranntsein« sind heute sehr viele Menschen betroffen, voran Ärzte, Psychologen, Lehrer, aber auch berufstätige Mütter.

Ausgebranntsein ist mehr als Stress, es ist Stress zum Quadrat. Zu der üblichen Belastung gehören noch die hohen beruflichen Ansprüche, das Scheitern an diesen Idealen, die Resignation und Depression, das Gefühl des Versagens und der absoluten Ohnmacht.

Das berufliche oder private Lebensziel scheint trotz übermenschlicher Anstrengungen wie Sand durch die Finger zu entgleiten. Je höher das Ideal, je größer der persönliche Einsatz, desto weiter scheint sich das Lebens- und Berufsziel zu entfernen.

Ein Beispiel: Der Arzt hat durch das System der Gebührenverordnung kaum noch Kontakt zu den Patienten. Sein Beruf wird degradiert zu dem eines Verschreibers von Medikamenten und Ausstellers von Krankenscheinen.

Statt heilsamer Diener des Patienten zu sein, findet er sich oft als Erfüllungsgehilfe der Pharmaindustrie wieder. Wenn die Patienten wenigstens durch seine Intervention gesünder würden! Dabei weiß der Schulmediziner oft, dass von den meisten Patienten die medikamentöse Therapie sabotiert wird und seine Patienten »heimlich« zu Heilpraktikern gehen.

Viele greifen zu einer für den Arzt nicht mehr zu kontrollierenden Selbstmedikation. Krankenhausärzte unterliegen einer noch höheren Gefahr des Burnout. Hier wird Patientenbehandlung schon zu einem industriellen Produkt durchrationalisiert: Reparaturmedizin in Vollendung, der Arzt als Gesundheitsmonteur.

Die Ärzte sind schon lange nicht mehr die »Götter in Weiß«. Das hohe Ansehen, das die Zunft einmal genossen hat, sinkt mit dem neuen, alternativen Verständnis von Gesundheit und Heilung. Da helfen alle die »Ärzteserien« im Fernsehen kaum, das Image zu verbessern.

Der Arzt wird nicht mehr als wahrer Helfer und Heiler, sondern als »Herumdokterer« gesehen. »Arzt, hilf dir selbst!«, könnte ein eindringlicher Aufruf gegen das Burnout in diesem Berufsstand sein, da in kaum einem anderen Beruf die Alkoholsucht und die Selbstmordrate so hoch sind wie bei Ärzten.

Auch der Psychologe und Psychotherapeut spürt die Grenzen seiner Heilarbeit: viel Technik und wenig

Seele. Dabei sollte ein Psychologe (Sozialarbeiter, Therapeut) doch vor allem Seelsorger sein, fehlenden Lebenssinn vermitteln können und die innere Leere wieder auffüllen. Auch dieser Beruf wird mit den Opfern der materialistischen Arbeitsweise extrem konfrontiert. Süchtige aller Art, Selbstmörder, Gewalttäter und -opfer in Familien und Amokläufer, also alle, die an unserem System, dessen Anforderungen und an sich selbst psychisch zerbrochen sind.

Diese psychologisch tätigen Menschen rennen mit ihrer therapeutischen Arbeit gegen eine Wand, und diese Wand ist das System. »Wie soll ich psychische Defekte bei jungen Gewalttätern therapieren können, wenn ich ihnen keinen Arbeitsplatz besorgen kann? Das wäre die richtige Therapie! So ist das Ganze nur Sisyphusarbeit.«

Auch hier scheint wieder nur ein Herumdoktern an Symptomen möglich zu sein, das Anpassen an das System, das diese psychischen Defekte hervorruft. Jeder Psychologe und Sozialarbeiter weiß, dass er lediglich Anpassungsarbeit verrichten kann. Und das führt zur beruflichen Resignation, dem Burnout, weil das psychische Elend so hautnah und hoffnungslos erlebt wird.

Auch Lehrer sind gefordert. Die Schule ist zu einem regelrechten Notstandsgebiet geworden. Hier werden den Kindern und Jugendlichen längst keine praktischen Lebensweisheiten mehr vermittelt.

Alles, was für das Leben wirklich wichtig ist, ist auf keinem Lehrplan zu finden. Die Industrialisierung hat die Schule zu einer reinen Wissensfabrik und Bewahranstalt degradiert. Fakten lernen für die nächste

Prüfung und dann wieder vergessen! Wir haben eine Generation von Kindern und Jugendlichen, die nicht mehr so einfach zu disziplinieren sind. Sie haben keine Angst mehr und bringen ihren Unmut gegenüber lebensfremdem Lernen deutlich zum Ausdruck. In den Schulen findet kein politischer Protest statt, sondern Verweigerung, Ignoranz, Kleinkrieg, Aggression und Gewalt.

Disziplinierung ist für den Lehrer zur Aufrechterhaltung des Unterrichts dringender geworden als die Vermittlung von Stoff. In überfüllten Klassen ist jede pädagogische Ambition, die individuelle Förderung der unterschiedlichen Begabung einzelner Kinder von vorneherein zum Scheitern verurteilt. Auch hier können Lehrkräfte kaum ihrem Berufsethos nachkommen. Es ist ein übermenschlicher Kampf und Energieeinsatz nötig, um wenigstens die Fassade aufrechtzuerhalten.

Auch Frauen, die als Mutter oder überdies als Alleinerziehende der »Doppelbelastung« einer berufstätigen Frau ausgesetzt sind, sind als Gruppe besonders von Burnout, dem Ausgebranntsein, betroffen. Sie zerbrechen am Spagat zwischen der weiblichen und der männlichen Welt. Sie haben kaum eine Chance, ihren hohen beruflichen und erzieherischen Ansprüchen gerecht zu werden.

Es treibt sie das Schuldgefühl den Kindern gegenüber, ihnen keine ganze Mama zu sein. Es treibt sie die Angst, im Beruf nicht ganz »den Mann« stehen zu können. Dieses Getriebensein schadet dem Menschen, es schadet seinem Gleichgewicht.

Erste Hilfe bei Burnout

Ist Burnout ein Scheitern an den eigenen beruflichen Ansprüchen? Kann Burnout jeden betreffen?
Ist Burnout eine von den heutigen Lebensumständen begünstigte Krankheit? All diese Fragen können durchaus mit einem Ja beantwortet werden. Doch es gibt viele Gründe, die den Menschen aus seinem Gleichgewicht bringen. So edel und idealistisch seine Ansprüche sind, sie zerschellen an Realitäten, die oft viel zu spät wahrgenommen werden.

Der erste Schritt, um aus der Resignation wieder herauszukommen, besteht darin, folgende Einsicht zu realisieren: Sie sind kein Opfer Ihrer Ansprüche, sondern können diese selbst bestimmen. Sie können Ihre Ideale jederzeit, also jetzt ändern. Es liegt in Ihrer Hand und hat nichts mit dem »System«, mit den anderen oder den Umständen zu tun!

Der zweite Schritt, dem Ausgebranntsein zu entfliehen, ist, die eigenen Ansprüche zu überprüfen und so zu gestalten, dass sie umsetzbar, also realistisch sind. Es ist eine bessere Alternative, als alles aufzugeben oder zu resignieren.

Beantworten Sie folgende Fragen, sofern Sie davon betroffen sind:

Werden Sie sich Ihrer ursprünglichen beruflichen Ideale noch einmal bewusst, Ihrer beruflichen Werte. Warum haben Sie diesen Beruf ergriffen?

Was war das ursprüngliche Feuer?

Wie sehen Sie heute Ihre berufliche Realität?

Was ist machbar und was nicht?

Wo ist in der Asche des Ausgebranntseins noch ein Funke Ihrer ursprünglichen Ideale geblieben, der für ein neues Verständnis Ihres Berufes wieder entfacht werden kann?

Können Sie einen Trennungsstrich ziehen zwischen Ihren Problemen und den Problemen Ihrer Klienten? ☐ ☐

Können Sie Mitgefühl entwickeln, ohne in Mitleid und am Ende in Selbstmitleid zu verfallen? ☐ ☐

Können Sie einen klaren Trennungsstrich machen zwischen Ihrer Verantwortung und der Verantwortung des Klienten für seine Probleme? ☐ ☐

Können Sie sich als Dienstleister statt als Erlöser verstehen? ☐ ☐

Sind Sie vielleicht daran gescheitert, dass Sie gegenüber Ihren Klienten überfürsorglich waren? ☐ ☐

Können Sie Freude an Ihrem Beruf auch dann haben, wenn Sie, von überzogenen Idealen befreit, feststellen können, dass niemand von Ihrer Arbeit abhängig ist? ☐ ☐

Überprüfen Sie noch einmal Ihre Ideale. Können Sie sie jetzt an die Gegebenheiten anpassen? ☐ ☐

Wie definieren Sie Ihre Ideale als Dienstleister für Ihre Klienten?

Was ist deren eigenständige Verantwortung, und was ist Ihre Aufgabe?

Seien Sie nicht enttäuscht, wenn es auf und ab geht, ansonsten wird der Druck noch höher. Der gewaltigen Belastung standzuhalten, die ein Burnout mit sich bringt, braucht Kräfte. Kräfte, über die man in diesem Fall aber kaum verfügt. Durch zu hohe Erwartungen ist es zur Kraftlosigkeit gekommen. Auch muss es bei einem Tiefstand nicht gleich wieder bergauf gehen. Erwartungen sind also auch hier falsch am Platz. Durch hohe Ansprüche und unrealistische Vorstellungen kann man in ein Burnout fallen, und um aus diesem wieder auszusteigen, sind unrealistische Erwartungen ebenfalls keine Lösung. Gehen Sie bedacht um mit Ihrer Situation und geben Sie sich die Zeit, die Sie zur Regeneration brauchen. **Burnout ist kein Versagen, es zeigt nur auf, dass Sie sich in einer Sackgasse verirrt haben. Es gibt immer einen Ausweg. Vergessen Sie das nie!**

Schreiben Sie auf, was Ihnen an der jetzigen Lebenssituation nicht gefällt:

Welche Umstände sind es, die Ihnen Sorgen bereiten bzw. die Luft zum Atmen nehmen?

Welchen Ausgleich könnten Sie schaffen oder was sollten Sie lassen, damit Sie sich wohler fühlen?

Gehen Sie einen Schritt zurück, indem Sie Ihre letzten Jahre durchleuchten und festhalten, was Sie Schritt für Schritt aus dem Gleichgewicht geholt hat.

Ich male mich frei

Nehmen Sie sich die Zeit und lassen Sie Ihrer Kreativität freien Lauf. Malen Sie sich so, wie Sie sich gerade sehen. Danach ruhen Sie sich kurz aus, gehen Sie an die frische Luft, entspannen Sie bei schöner Musik oder tun Sie etwas, was Sie frei von Gedanken einfach genießen können. Anschließend malen Sie die zweite Reihe aus. Sie werden verblüfft sein, welche Unterschiede sichtbar werden.

Heute fühle ich mich so:

Nach der Entspannung fühle ich mich so:

Meine Ergänzungen:

Mobbing

Wer mobbt, tut stark, ist in Wahrheit aber sehr schwach. Er mobbt aus Unwissenheit, um seine eigenen Unzulänglichkeiten zu kaschieren, und lebt in der Einbildung, besser oder gar stärker zu sein. Das englische Wort »Mobbing« bedeutet, über einen Menschen herzufallen, ihn zu bedrängen und zu schikanieren. Immer mehr Menschen sind am Arbeitsplatz den Schikanen durch Kollegen ausgesetzt. Wir unterscheiden zwischen Gruppen-Mobbing und Einzel-Mobbing.

Mobbing ist Psychoterror und grundsätzlich bösartig. Das Opfer wird über einen längeren Zeitraum so drangsaliert, dass es möglichst selbst kündigt oder ihm gekündigt wird. Mobbing ist Krieg am Arbeitsplatz und vergiftet das Betriebsklima in geschäftsschädigender Weise. Resultat sind Fehlzeiten durch Krankheit, Kündigungen, Fluktuationen oder Leistungsabfall des Arbeitsteams.

Mobbing ist durch systematische Angriffe gekennzeich-
net, die sich in drei Kategorien einteilen lassen:

- _Die Kommunikation wird eingeschränkt._
  Man spricht mit dem Gemobbten nicht mehr,
  kommuniziert nur noch das Nötigste, meist
  schriftlich, mit ihm, oder man übertreibt die
  Kommunikation. Das Opfer wird angeschrien,
  angebrüllt und ständig kritisiert.

- _Das Ansehen des Opfers wird systematisch unter-_
  höhlt
  Dazu gehören Klatsch und Tratsch, Verbreiten
  von Gerüchten bis hin zum Rufmord, Sich-lustig-
  Machen, sexuelle Belästigung.

- _Die Arbeitsaufgabe wird manipuliert_
  Es werden kränkende, gefährliche, unlösbare,
  sinnlose Aufgaben oder gar keine gestellt.

Konkret kann das bedeuten:

Die Arbeit des Opfers wird sabotiert: nicht erledigt,
fehlerhaft ausgeführt, »vergessen«, andere werden
falsch informiert. Der Gemobbte wird ausgegrenzt:
man dreht ihm den Rücken zu, beantwortet keine
Fragen, alles verstummt, wenn er den Raum betritt,
man lädt ihn zu Festen nicht mehr ein.

Der Vorgesetzte selbst mobbt: kritisiert ständig, macht
lächerlich, stellt unklare und dadurch unlösbare Auf-

gaben, gibt unzureichende Information. Man spielt dem Opfer kleine oder grobe Streiche.

Der Ruf wird zerstört: das Mobbing-Opfer sei psychisch krank, man setzt eine »sich selbst erfüllende Prophezeiung« in Gang, denn das Opfer wird dadurch bald wirklich psychisch krank.

Die Gesundheit des Opfers wird bewusst geschädigt: der Arbeitsplatz ist gesundheitsschädigend, die zugemutete Arbeit ist körperlich zu schwer.

Der Gemobbte wird regelrecht bedroht: Androhung physischer Gewalt, anonyme Morddrohungen.

Mobbing besteht in systematisch verübten, zunächst kleinen, aber mit der Zeit eskalierenden Streichen, die über Monate und über Jahre gehen können. Die Art der Angriffe wird gewechselt, was Mobbing undurchschaubar und effektiv zugleich macht.

Das Opfer versteht das System häufig erst spät. Die Angriffe sind so angelegt, dass der Gemobbte an seiner eigenen Fähigkeit zweifelt, Versagensängste bekommt und sich zurückzieht und isoliert. Er zweifelt an sich selbst und glaubt etwas falsch gemacht zu haben.

Häufigste Symptome und Krankheiten eines Gemobbten:

- *Allgemeines Unwohlsein:* Furcht, zur Arbeit zu gehen, häufiges Verschlafen, unruhiges Schlafen nachts

- *Psychische Probleme:* Trauergefühle und der Verlust des Selbstwertgefühls, Depressionen, Selbstmordgedanken
- *Magen- und Darmprobleme:* Magenschmerzen, Magengeschwüre
- *Kreislaufprobleme:* hoher oder niedriger Blutdruck, Herzrhythmusstörungen, Nerven- und Kreislaufzusammenbruch
- *Herzerkrankungen:* starkes Herzklopfen, hoher Blutdruck, Herzschmerzen
- *Krebserkrankungen:* Stress, Mangel an Liebe und Zuwendung, Selbstaggression gehören heute zu den bekannten Auslösern von Krebs, eine Situation, mit der jedes Mobbingopfer konfrontiert ist.

Mobbing ist also eine regelmäßige und gezielte Beeinträchtigung von Menschen auf dem Arbeitsplatz, die zu einer massiven Störung der psychischen und körperlichen Befindlichkeit und der Leistungsfähigkeit führen kann, aber nicht führen muss.

Es ist ein überaus ernst zu nehmender Faktor für das Entstehen von Berufskrisen geworden. Das Opfer von Mobbing-Attacken ist kein besonderer und leicht erkennbarer Typ, sondern wird während des Mobbings selbst erst, meist schleichend, zum Opfer gemacht. Eine Frau, die sich gegen sexuelle Belästigung wehrt und demnach gar kein Opfertyp ist, kann aus Rache zu einem Mobbingopfer werden.

Einen eindeutig identifizierbaren Nährboden, auf dem Mobbing gedeihen kann, gibt es nicht. Fest steht, dass Ausübende ihren Frust an der Arbeit in der Form von Psychoterror am Arbeitsplatz austragen.

Erste Hilfe bei Mobbing

Prüfen Sie zunächst – vor allem, wenn Sie von mehreren Kollegen gemobbt werden, welche Angriffsfläche Sie möglicherweise selbst bieten:

Behandeln Sie Ihre Kollegen zu überheblich? ☐ ☐

Lassen Sie nur Ihre Meinung gelten? ☐ ☐

Versuchen Sie immer, andere von Ihrer Meinung zu überzeugen? ☐ ☐

Wirken Sie aus Angst überheblich oder eingebildet? ☐ ☐

Haben Sie Kontaktschwierigkeiten und wirken deshalb auf die Kollegen distanziert? ☐ ☐

Halten Sie sich für schlechter als Ihre Kollegen? ☐ ☐

Machen Sie viele Fehler, weil Sie Angst vor Ihrem Vorgesetzten haben? ☐ ☐

Sind Sie mit Ihrer Arbeit überfordert? ☐ ☐

Sind Sie anders als Ihre Kollegen? ☐ ☐

Haben Sie private Probleme, die Sie in Ihre Arbeit tragen? ☐ ☐

Oft ist ein Mobbing-Opfer nicht alleine und hat zumindest einen Sympathisanten. Vielleicht hilft es Ihnen, wenn Sie die Fragen mit einer anderen Person besprechen, denn zwischen dem Bild, das man von sich selbst hat, und dem Bild, das andere von einem haben, klaffen Welten.

Ganz entscheidend ist es, die Opferrolle zu beenden und die Initiative zu ergreifen. Das heißt aber nicht, auf Gegenangriff zu gehen, sondern die eigene Einstellung zu ändern und der Mobbingsituation selbst die Grundlage zu entziehen.

Ein Bumerang kommt immer zurück. Wer keine Angriffsfläche bietet und einen Angriff nicht persönlich nimmt, sondern ihn als das Problem beim Ausübenden anerkennt, kann die Situation entkräften und auf ihren Verlauf unmittelbar Einfluss nehmen.

Was können Sie tun, um Angriffsflächen zu verringern bzw. möglichst gar keine mehr zu bieten?

Können Sie einen Strich machen, Ihr Verhalten korrigieren und die Vergangenheit vergessen?

Lassen Sie die anderen deutlich spüren, dass Sie das Spiel durchschaut haben und es nicht mehr mitspielen! Wenn Sie so stark sind, dass Sie das Mobbing mit entwaffnender Gelassenheit nehmen können, kann das Mobbing ganz und gar die Wirkung verlieren.

Und wenn Sie am Anfang nur so tun, als ob der eine oder andere Streich nur lustig und zum Lachen wäre. Warten Sie nicht, dass Sie gegrüßt werden, sondern grüßen Sie selbst »hemmungslos freundlich«.

Wünschen Sie jedem nur das Beste, ganz gleich wie er sich Ihnen gegenüber verhält.

Wenn Sie solche Schritte der Eigeninitiative systematisch und strategisch ergreifen, dann befreien Sie sich selbst aus der Opferrolle.

Und es gibt ein Medikament gegen Mobbing: Wer gelernt hat, eigene Grenzen zu setzen und zu verteidigen, und fremde Grenzen nicht überschreitet, wird andere nicht mobben und selbst kein Mobbing-Opfer werden.

Arbeiten Sie also daran, sich Ihres Territoriums, Ihres »Königreiches« bewusst zu sein, Grenzen zu ziehen und es zu verteidigen.

Bleiben Sie dann aber am Ball. Geben Sie sich nicht damit zufrieden, sich aus der Mobbingsituation zu befreien, sondern machen Sie ganze Arbeit und bringen wieder Lebensfreude in Ihre berufliche Tätigkeit.

So kann Ihnen diese provokante Situation helfen, ein neues Verhältnis zu Ihrem Beruf zu finden.

Fragebogen zur Analyse der Mobbingsituation:

Wenn Sie den leisen Verdacht haben oder sich sicher sind, dass Sie gemobbt werden, dann kann Ihnen der Fragebogen helfen, die Situation erst einmal zu erkennen:

Wie werden Sie gemobbt?

Wie stark werden Sie gemobbt?

Wie stark wirkt sich die Situation auf Ihr Leben aus?

Haben Sie bereits gesundheitliche Schäden davongetragen? Wenn ja, welche?

Werden Sie unregelmäßig oder regelmäßig gemobbt?

Führen bestimmte Dinge, die Sie tun, zu sofortigem Mobbing? Wenn ja, welche?

Aus welcher Abteilung kommen falsche Informationen?

Wird aus einer anderen Abteilung Ihre Arbeit blockiert?

Versucht man Sie zu provozieren?

Welche Kollegen informieren Sie falsch oder geben Ihre Informationen falsch weiter?

Was hat sich im Betrieb verändert, bevor es zum Mobbing kam? Was ist in letzter Zeit Besonderes passiert? (Neue Kollegen / Gerüchte von Entlassungen / Firmenfusionen / Kurzarbeit / ...)

Ist die Firma plötzlich in einer Krise?

Wer mobbt Sie? Ist das eine Einzelperson oder eine Gruppe?

Welches betriebliche und persönliche Verhältnis haben Sie zu dem Mobber?

Was passiert Ihnen ganz konkret?

Wie sehen Sie spontan oder intuitiv für sich den Ausweg?

Meine Ergänzungen:

Innere Kündigung

»Innere Kündigung« ist das Ergebnis, wenn man sich mit einer unbefriedigenden Situation abfindet, wenn man keine Energie mehr investiert, weil man glaubt, die Situation nicht mehr ändern zu können. Es ist aber auch eine Art des Nicht-ändern-Wollens, eine Form von Ignoranz und Stagnation. Es ist wohl die einfachste Abwehrreaktion gegen Stress und wird von vielen Menschen praktiziert.

Und es ist wohl die verbreitetste Berufskrise, nur noch nach Vorschrift zu arbeiten und das Nötigste zu tun. Diese Anteilnahmslosigkeit raubt nicht nur Kräfte, sie entzieht dem Menschen sogar die Gesellschaftsfähigkeit.

Er funktioniert nur, handelt weder impulsiv, noch tut er mehr, als notwendig ist. Durch die »innere Kündigung« ist man nicht mehr positiv mit der Arbeit verbunden, sondern befindet sich in einer Wartestellung, um die Arbeit zu wechseln, sobald sich etwas Besseres ergibt.

Erkennbar ist die »innere Kündigung« daran,

- *dass kein Interesse mehr besteht, sich an Diskussionen und Auseinandersetzungen zu beteiligen, und sich ins Team einzubringen.*
- *dass man zu allem nur noch JA sagt*
- *dass man sich stets der Meinung der Mehrheit anschließt*
- *dass man keine Vorschläge oder konstruktive Kritiken mehr einbringt*
- *dass man sich nur noch an alles anpasst*
- *dass man Weisungen von Vorgesetzten kommentarlos akzeptiert*
- *dass man seine eigenen Fähigkeiten nicht mehr ausschöpft, sondern nur noch auf »Sparflamme« arbeitet*
- *dass man sogar Eingriffe in seinen Kompetenzbereich widerstandslos hinnimmt.*

»Innere Kündigung« scheint ein gesunder Schutz zu sein, der nur die Firma schädigt. Doch eine »innere Kündigung«, die über Jahre geht, kommt psychisch schon einer Form der Arbeitslosigkeit nahe. Man ist nur noch körperlich präsent, macht seinen Job mechanisch und lebt wie in Emigration. Die Chance, sich über seinen Beruf und seine Arbeit selbst zu verwirklichen, ist aufgegeben.

Doch sosehr die »innere Kündigung« als ein aktueller Selbstschutz erscheint, ist die Resignation viel tiefgehender und führt damit zu einem schleichenden Selbstverlust. Diese resignierende, lebensverneinende Einstellung kann sich in die ganze Psyche eingraben, letztlich das ganze Leben beeinflussen. So kann »innere Kündigung« zu einem vollständigen Rückzug aus dem Leben führen:

- Zunächst zieht man sich nur von der aktuellen Tätigkeit am Arbeitsplatz zurück. Man streikt innerlich.

- Dann zieht man sich von der Firma zurück; man kann sich mit der Firma ganz und gar nicht mehr identifizieren. Eine gefährliche Distanz stellt sich ein.

- Im nächsten Schritt wird der Beruf selbst in Frage gestellt.

- Dann kann die Abwehr das ganze Wirtschaftssystem betreffen.

- Und am Ende kann man selbst dem Leben gegenüber kündigen.

»Innere Kündigung« ist keine harmlose Abwehrhaltung gegen nicht mehr bewältigten Stress am Arbeitsplatz.

Wir müssen uns immer vor Augen halten: »Innere Kündigung« ist zwar eine bequeme, aber überaus ungesunde Abwehrstrategie gegen den Berufsstress, die Unzufriedenheit am Arbeitsplatz. Und weil diese Art der Sabotage an sich selbst und der Firma so weit verbreitet ist, sollten wir diesen Vorgang noch etwas tiefer verstehen.

»Innere Kündigung« ist ein Prozess, der sich über verschiedene Stufen vollzieht und auch verschiedene Grade erreichen kann:

▶ *Die Phase des Überengagements:* Am Anfang der »inneren Kündigung« steht häufig sogar eine *unrealistische Übermotivation.* Man will aus seiner Arbeit den Traumjob des Lebens machen und ist blind für die Gegebenheiten, die Grenzen des Möglichen. Erste Warnsignale und Misserfolge werden noch verdrängt. Man scheint von den anderen nicht verstanden zu werden. Irgendwann kommt die Enttäuschung: Das übermotivierte Engagement bringt wenig positive Resultate.

▶ *Die Phase des reduzierten Engagements:* Man fühlt sich nicht anerkannt. Ein Traum ist am Unvermögen der anderen geplatzt. Da man sich von allen Kollegen irgendwie entfernt hat, werden alle über einen Kamm geschoren. Der Spieß wird umgedreht: Man hat auch kein Verständnis für die Probleme anderer. Es stellt sich das Gefühl ein, ausgebeutet zu werden. Das führt dazu, dass Arbeitspausen überzogen, Arbeitszeiten verkürzt werden, Fehltage sich mehren.

▶ *Die Phase der Depression, Aggression und Schuldzuweisung:* Es stellen sich immer mehr negative Gefühle ein wie Selbstmitleid, Nervosität, Bitterkeit, Leere, Apathie, Pessimismus und Fatalismus; und der Humor geht verloren. Die anderen sind schuld, ja das ganze System hat versagt. Die eigenen Hände werden in Unschuld gewaschen, da das anfängliche eigene Engagement ja von allen missachtet wurde! Es tritt in dieser Phase immer mehr Reizbarkeit und Misstrauen auf. Die Konflikte mit den Kollegen werden häufiger.

▶ *Die Phase des körperlichen und physischen Abbaus:* Irgendwann tritt die »innere Kündigung« in die Phase der körperlichen Auszehrung. Damit verbunden sind Gedächtnisschwäche, Ungenauigkeit, Desorganisation, Entscheidungsunfähigkeit, Unfähigkeit, komplexe Aufgaben zu lösen, offensichtliche Leistungseinbußen. Jetzt ist die eigentliche »innere Kündigung« eingetreten: Es wird demonstrativ nur noch Dienst nach Vorschrift gemacht und Widerstand gegen Veränderungen aller Art entwickelt.

▶ *Die Phase der Verflachung:* Es macht sich allgemeine Gleichgültigkeit breit, der Arbeit, den Kollegen, den eigenen Interessen gegenüber. Der eigenbrötlerische Rückzug wird überdeutlich, die Schnecke in ihrem Haus überempfindlich. Doch dieses Einigeln weitet sich auch auf Bereiche außerhalb der Arbeit aus: Hobbys werden aufgegeben. Der allgemeine Rückzug aus dem Leben beginnt.

▶ *Die Phase der negativen psychosomatischen Reaktionen:* Das Immunsystem wird schwächer, man wird häufiger krank. Obwohl man sowohl in der Arbeit wie in der Freizeit auf Sparflamme lebt, verfügt man über erschreckend wenig Lebensenergie! Auf der einen Seite nimmt das Leben eher den Zustand des Dauerdösens ein, auf der anderen Seite wird man unfähig, sich wirklich tief zu entspannen. Schlafstörungen und Alpträume mehren sich. Essgewohnheiten ändern sich. Der Widerstand gegen Genussmittel sinkt, der Konsum von Nikotin, Koffein und Alkohol erhöht sich. Die Freude an Zärtlichkeit, und Sexualität nimmt gegen den Nullpunkt ab.

▶ *Die Phase der Verzweiflung:* Das ganze Leben wird als negativ betrachtet. Aktivitäten machen keinen Sinn mehr. Hoffnungslosigkeit breitet sich aus. »Innere Kündigung« ist also überaus ernst zu nehmen, denn sie nagt an der Seele. Es gibt viele Arten von schleichendem Selbstmord. »Innere Kündigung« gehört dazu und ist eine der verbreitetsten.

Erste Hilfe bei innerer Kündigung

Der erste Schritt ist, die Eigeninitiative wieder zu ergreifen. Mag sein, dass in Ihrer Firma andere das Sagen haben, aber in *Ihrem Innenleben* hat nur einer etwas zu sagen, das sind Sie selbst!

Sie sind der Chef Ihres Innenlebens. Werden Sie sich dieser Tatsache bewusst. Überlassen Sie Ihr Innenleben nicht den Entscheidungen anderer, sondern regieren Sie sich bewusst selbst. Also entscheiden Sie, was jetzt zu tun ist!

Kurzcheck: Machen Sie sich bewusst, warum Sie nur innerlich kündigen und dies nicht offen tun:

Was hält Sie noch an Ihrer Arbeitsstelle?

Welche positiven Eigenschaften hat die Stelle, dass Sie ihr nicht den Rücken ganz zukehren? Was macht Sie handlungsunfähig?

Was hindert Sie daran, den entscheidenden Schritt Ihrer Befreiung zu tun?

Wie weit geht Ihre »innere Kündigung«. Betrifft Sie nur Ihre Firma oder auch Ihren Beruf selbst?

Wie weit geht Ihre Ablehnung? Betrifft Sie nur Ihren Chef, Ihre Abteilung, Ihre Firma?

Sind Sie in Ihrem Beruf am Ende Ihrer Möglichkeiten und Interessen und würden Sie gerne etwas ganz anderes machen?

Was würde Ihnen vorschweben? Haben Sie schon einen Traum?

Wo haben Sie in der Vergangenheit einen Lebens- oder Kindheitstraum begraben?

Könnte es sein, dass die Zeit ausgerechnet jetzt reif ist, Ihren Lebenstraum in ein Traumleben zu verwandeln?

Lernen Sie jetzt wieder zu träumen!

Was immer Ihre Gründe für Ihre »innere Kündigung« sind, fahren Sie jetzt auf mehreren Gleisen:

- Erträumen oder finden Sie für sich *eine beruflich hoffnungsvolle Alternative* – eine andere Stellung innerhalb der Firma, eine Stelle innerhalb Ihres Berufes, aber bei einer anderen Firma, eine Umschulung, oder planen Sie Ihre berufliche Selbständigkeit. Aber tun Sie etwas! Es ist wichtig, jetzt Licht am Ende des Tunnels zu sehen.

- Füllen Sie zwischenzeitlich ihren *aktuellen Arbeitsplatz* so gut wie möglich und energiesparend aus.

- Erkennen Sie Ihren Anteil an Ihrem inneren Rückzug, übernehmen Sie die Verantwortung dafür und korrigieren Sie Ihr Verhalten da, wo es Ihnen möglich ist. Gehen Sie aus sich heraus!

- Halten Sie sich immer genau an den Arbeitsvertrag. Sie werden nach diesem Vertrag bezahlt, halten Sie auch Ihre Seite ein. Geben Sie keinen Anlass, Ihnen wegen Verletzung des Arbeitsvertrages zu kündigen.

- Halten Sie sich an alle formalen Spielregeln des Betriebes.

- Seien Sie zu allen freundlich. Machen Sie daraus einfach ein Training und ein Spiel für sich selbst! Schicken Sie jedem, der zu Ihnen unfreundlich ist, liebevolle Gedanken.

- Lösen Sie sich von jeder emotionalen Verstrikkung (Ärger, Frust, Klatsch ...). Beklagen Sie sich über nichts und niemanden. Trainieren Sie für sich die Einstellung der Gelassenheit: »Alles ist in Ordnung, so wie es ist.«

- Formulieren Sie vor allem nie etwas schriftlich, das gegen Sie ausgelegt werden könnte. Sie müssen jetzt in jeder Hinsicht die Initiative ergreifen. Lassen Sie sich nicht einschüchtern.

- Suchen Sie sich in der Übergangzeit auf alle Fälle *Zufriedenheit außerhalb der Firma,* damit Ihre

Seele gesunden und Zufriedenheit in Ihr Leben zurückkehren kann:

- Haben Sie ein Hobby, das Sie wieder pflegen können? Übrigens: Viele Selbständige haben Ihr Hobby zum Beruf gemacht! Selbst wenn Sie nicht im Traum erkennen können, wie Sie Ihr Hobby zum Lebensunterhalt verwandeln können, pflegen Sie Ihr Hobby und die Kontakte zu anderen Hobbyfreunden einfach wieder. Halten Sie Augen und Ohren dafür offen, welche unerwarteten Chancen sich Ihnen bieten. Vielleicht treffen Sie einen Menschen, der Sie versteht und Ihnen eine neue berufliche Chance eröffnet.

- Bauen Sie sich eine Partnerschaft auf, die Ihren Rücken stärkt. Hat Ihr Partner, Ihre Partnerin ähnliche Probleme im Beruf? Kann es Sinn machen, sich gegenseitig zu unterstützen?

- Übernehmen Sie eine ehrenamtliche Tätigkeit im Verein. Lernen Sie, anderen Menschen zu dienen. Vielleicht können Sie hier Ihre Ideale wiederbeleben und realisieren.

- Wenn es keinen anderen Ausweg gibt, dann prüfen Sie, ob eine kurzfristige Arbeitslosigkeit das kleinere Übel wäre, statt weiter in einer beruflichen Sackgasse zu verharren. Arbeitslosigkeit *kann eine Chance sein*, wenn Sie sich darauf als bewusst gewählte Auszeit vorbereiten. Sie sollten dies unbedingt prüfen, so wären Sie automatisch für den schlimmsten Fall vorbereitet, dass Ihnen doch gekündigt wird. In dem Falle würde es Sie nicht existentiell treffen, sondern Sie könnten dies als Wink des Schicksals sehen, dass eine Auszeit für Sie jetzt einen sinnvollen Lernprozess in Gang setzen kann.

Fragebogen zur inneren Kündigung

Dieser Fragebogen *(nach Wilfried Echterhoff, Detlef Poweleit u. Ulrich Schindler Echterhoff-Poweleit-Schindler)* ermöglicht einen selbstkritischen Blick in das Ausmaß der inneren Kündigung. Hinterfragen Sie sich.

Dieser Fragebogen ist weniger ein psychologischer Test, sondern eine Hilfe, Ihre Schwachpunkte zum Thema »innere Kündigung« zu erkennen, also eine Hilfe zur Selbsterkenntnis. Seien Sie ehrlich zu sich selbst und beantworten Sie zügig.

JA/NEIN

1. Persönliches

Ihr Lebenspartner trägt Ihr berufliches Engagement *nicht* mit. ☐ ☐

Im Privatleben finden Sie mehr Anerkennung als in Ihrem Job. ☐ ☐

Ihre Tätigkeit hat ein geringes gesellschaftliches Ansehen. ☐ ☐

Sie haben eine langfristige Karriereplanung mit klarem Fahrplan. ☐ ☐

Beruflicher Aufstieg bedeutet mehr Einfluss und mehr Macht. ☐ ☐

Sie ärgern sich häufig. ☐ ☐

2. Betriebliches

Ihre Arbeit ist sehr leicht. ☐ ☐

Ihre Arbeit ist sehr schwer. ☐ ☐

Ihre Tätigkeit bietet Ihnen *keine* angenehmen fachlichen Freiräume. ☐ ☐

Das Betriebsklima ist Ihrer Meinung nach schlecht. ☐ ☐

Ihre Arbeitssituation bietet wenig inhaltliche Anreize. ☐ ☐

Ihr Engagement entspricht *nicht* dem Engagement des Betriebs. ☐ ☐

Mit den Zielen des Betriebes stimmen Sie *nicht* mehr überein. ☐ ☐

Der Betrieb bietet Ihnen *keine* Aufstiegsmöglichkeiten. ☐ ☐

Ihre Verpflichtungen bieten Ihnen wenig Freiräume. ☐ ☐

Ihr Betrieb verlangt von Ihnen *kein* eigenes Gestalten. ☐ ☐

Sie sind in Ihrem Betrieb eine anonyme Nummer. ☐ ☐

In Ihrem Betrieb funktioniert nur wenig richtig.

☐ ☐

Andere erhalten im Betrieb mehr Belohnung als Sie.

☐ ☐

Sie wissen *nicht,* was Ihr persönlicher Verantwortungsbereich ist.

☐ ☐

Veränderungen im Betrieb sind für Sie unvorhersehbar.

☐ ☐

Ihre Vorschläge kommen *nicht* an.

☐ ☐

Ihre Entscheidungen sind im Betrieb auf Widerstand gestoßen.

☐ ☐

Fehlentscheidungen können Sie sich nicht mehr leisten.

☐ ☐

Ihre Einkommenserwartung liegt deutlich über dem tatsächlich gezahlten Gehalt.

☐ ☐

3. Kollegiales

Ihre Kollegen und Mitarbeiter erzählen Ihnen wenig Privates.

☐ ☐

Sie treffen sich mit Ihren Mitarbeitern wenig oder selten in der Freizeit.

☐ ☐

Bei Ihnen bleibt viel Unangenehmes hängen.

JA/NEIN
☐ ☐

Sie werden selten richtig informiert.

☐ ☐

Im Betrieb haben Sie *keine* Freunde.

☐ ☐

Sie sprechen im Kollegenkreis *nicht* über Ihre persönlichen Sorgen und Probleme.

☐ ☐

Bei hohem Arbeitsanfall ist die Zusammenarbeit mit Kollegen und Mitarbeitern schon ziemlich schlecht.

☐ ☐

Die Beziehungen unter den Kollegen und Mitarbeitern sind von Misstrauen geprägt.

☐ ☐

Auf Ihren Rat und Ihre Unterstützung wird von den Kollegen kein Wert gelegt.

☐ ☐

Sie werden bei der Arbeit, insbesondere bei schwierigen Aufgaben, alleine gelassen.

☐ ☐

4. Vorgesetzte

Ihre Vorgesetzten hören Ihnen gar nicht richtig zu, wenn Sie sie informieren und Sie Ihre Vorschläge erläutern

☐ ☐

Ihre Vorgesetzten haben immer die richtige Antwort und Lösung parat.

☐ ☐

	JA	NEIN
Sie werden von Ihren Vorgesetzten so gut wie nie an Entscheidungen beteiligt.	☐	☐
Ihre Vorgesetzten mögen Sie nicht richtig.	☐	☐
Ihre Vorgesetzten befehlen gern.	☐	☐
Ihre Vorgesetzten werden oft ziemlich laut.	☐	☐
Sie werden immer wieder überraschend kontrolliert.	☐	☐
Nur wenige Ziele und Vorgaben stammen von Ihnen.	☐	☐
Ihre Vorgesetzten sind eher zufällig (oder durch Beziehungen) nach oben gekommen.	☐	☐
Durchgreifen und Durchregieren gehört zum Stil Ihrer Vorgesetzten.	☐	☐
Ihre Vorgesetzten informieren Sie unvollständig.	☐	☐
Ihre Vorgesetzten demütigen Sie manchmal.	☐	☐
Ihre Vorgesetzten haben selten Fehlentscheidungen von Ihnen mitgetragen.	☐	☐

Gehen Sie jetzt noch einmal alle Punkte durch, die Sie mit JA beantwortet haben. In welchem der 4 Bereiche häufen sich Ihre Zustimmungen?

Liegt Ihr Hauptproblem bei Ihren Vorgesetzten, Ihren Kollegen und Mitarbeitern, Ihrer Arbeitsweise oder im Persönlichen?

Können Sie Probleme erkennen, die zusammenhängen? Gibt es einzelne Grundprobleme, die mit anderen verbunden sind, und würde die Lösung eines Grundproblems auch andere automatisch lösen?

Was sollten Sie als Nächstes tun? Wollen Sie erst kleine Probleme erfolgreich lösen oder ein Hauptproblem mutig am Schopf packen (z. B. einmal ein klärendes Gespräch mit Vorgesetzten)?

Meine Ergänzungen:

Arbeitslosigkeit

Alles, was man über das Leben wissen muss, lässt sich in drei Worte zusammenfassen: es geht weiter.

Das Thema Arbeitslosigkeit möchte ich hier noch kurz erwähnen. Kaum eine andere Berufskrise geht so an die Substanz wie Arbeitslosigkeit. Selbstzweifel und Angst überfallen einen, Hilflosigkeit macht sich breit. Plötzlich gehört man nicht mehr zur Gesellschaft, verliert jede Anerkennung, wird zum Bittsteller und Almosenempfänger vom Staat.

Es wird als erniedrigend empfunden, und man weiß, dass man nichts machen kann, damit sich die Situation schnell verändert. Dem Tagesablauf fehlt plötzlich jede Struktur. Die Zeit des großen Wartens beginnt. Hilflosigkeit, Depressionen und Pessimismus breiten sich aus. Die ökonomische Macht schwindet, das Leben muss auf das Nötigste eingeschränkt werden.

Das Ansehen in der Familie, bei Verwandten, Freunden und Nachbarn verringert sich. Trotz zeitlicher Freiräume engt sich der Bewegungsfreiraum immer mehr ein, weil das Geld für »Exkursionen« fehlt. Der Fernseher wird eventuell zum 24-Stunden-Unterhalter. Das eigene Heim wird zum Pulverfass: Die Familie beginnt sich »auf die Nerven zu gehen«.

Die Persönlichkeit des Arbeitslosen ändert sich, verliert Konturen, Profil, Biss, Vitalität, Kraft und Willen.

Die Familie zieht sich mit Schamgefühl aus ihrem sozialen Netz zurück.Man kann Arbeitslosigkeit als hilfloses Opfer erdulden. Man kann Arbeitslosigkeit aber auch *als Aufrütteln* verstehen, das Leben endlich jetzt in die eigenen Hände zu nehmen. Arbeitslosigkeit ist keine Krankheit, der man sich nur wehrlos ergeben kann. Sie kann jedoch zu erheblichen körperlichen und psychischen Störungen führen, wenn keine Wende eintritt.

Erste Hilfe bei Arbeitslosigkeit

Der erste Schritt ist immer, die Initiative wiederzugewinnen, dieses: Ich bin der Chef über mein Denken, meine Einstellung. Ich entscheide, ob ich resigniere oder die Herausforderung des Lebens annehme.

Okay, das Leben gibt mir mit der Arbeitslosigkeit eine Auszeit! Das Leben will mich sicher nicht in Warten und Stillstand trainieren. Meine Aufgabe ist es jetzt sicher nicht, in die absolute Passivität und in einen Scheintod zu verfallen.

Was sind also *die Herausforderungen des Lebens,* die ich jetzt annehmen und zu bewältigen lernen kann? Ich kann lernen, mein Leben auf das Wesentlichste zu beschränken, kann lernen, dass ich *reich* bin, wenn ich erkenne, dass ich bereits *alles habe, was ich zum Leben brauche.*

Arbeitslosigkeit kann einen Läuterungsprozess einleiten, in dem man lernt, sich wirklich auf das Wesentliche zu konzentrieren. Ich kann neue Reichtümer entdecken, z. B. Zeit. Ich kann lernen, gut mit meiner Zeit umzugehen und sie nicht verschleudern.

Wie viele Mütter waren nie berufstätig und haben ihre Arbeit zu Hause verrichtet, sind wirkliche Stützen der Gesellschaft, auch wenn sie nicht erwerbstätig sind. Wie wäre es, eine solche Haltung einzunehmen? Mein Wert bestimmt sich daraus, welchen Wert ich mir als Mensch selbst gebe und welchen Wert ich für andere habe.

Also: *Wie werde ich jetzt für andere Menschen wertvoll, für meine Familie, meine Kinder?* Was kann ich jetzt für andere tun? Wo brauchen mich andere? Man kann auch außerhalb der Arbeitswelt nützlich sein, Teil der Gemeinschaft. Also: Wo mache ich mich nützlich und für andere wertvoll?

Vielleicht spiele ich als Mann jetzt einmal bewusst *Hausmann*, übernehme Haushalt und Kinderbetreuung, um meiner Lebenspartnerin das Leben in *ihrem* Beruf zu erleichtern. Vielleicht kann sie ihren Halbtagsjob in einen Ganztagsjob verwandeln. Die Partnerschaft kann viel bewusster und erfüllender geführt werden. Sie kann den ersten Schritt zu einem Neuanfang ermöglichen: indem man zusammenhält, alles gemeinsam bespricht, sich gegenseitig unterstützt.

Nun kann ich mich in folgende Fragen vertiefen: (Es gibt keine Ausreden, dass mir dazu die Zeit fehlen würde! Die habe ich jetzt im Überfluss!) Was will mir das Leben sagen? Führt es mich zu einer Aufgabe, die besser für mich passt? Was habe ich noch nicht erkannt? Wann wache ich endlich auf? Kann das Leben mir einen deutlicheren Hinweis geben, als mich aufs Abstellgleis zu stellen?

Ich habe mich längst wie einen führerlosen Waggon durchs Leben rangieren lassen. Jetzt wird es Zeit, selbst zu einer Lokomotive zu werden! Aus eigener Kraft und mit Volldampf wieder zurück ins Leben zu gehen!

Ich male mich frei

So sieht meine Arbeitslosigkeit aus:

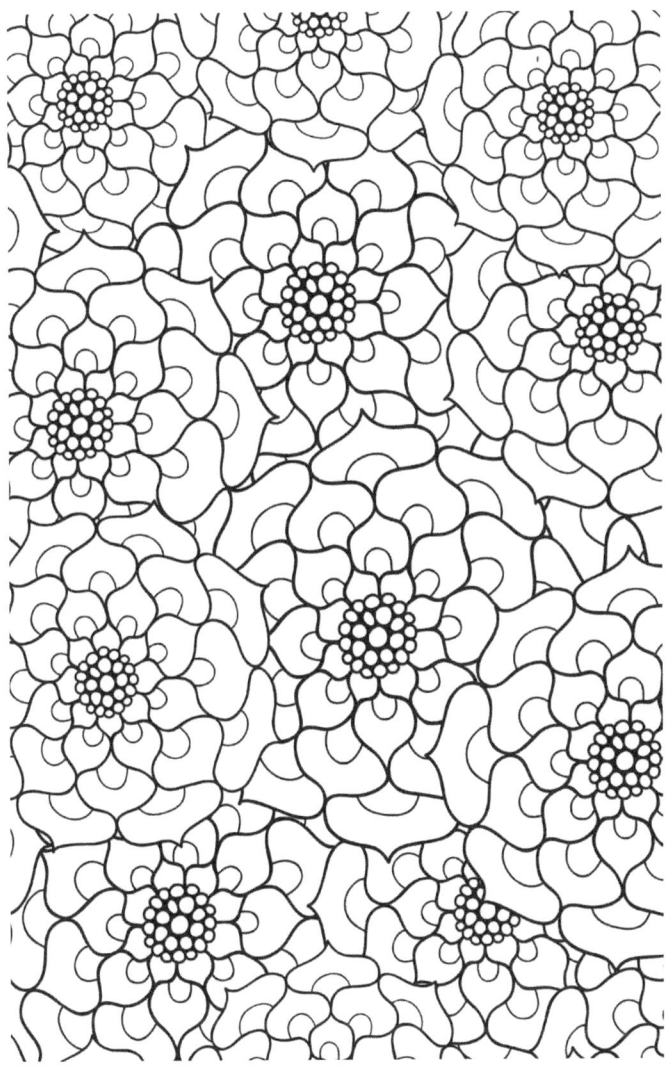

Mein letzter Job hat diese Farben:

Ich male meinen Traumjob, wie bunt ist er?

Meine Ergänzung:

Berufskrisen überwinden

Damit sich etwas ändern kann, muss es erst einmal akzeptiert werden.

Der erste Schritt zur Überwindung einer Krise ist, die *Initiative wieder zu ergreifen. Das bedeutet.* sich bewusst zu werden, *dass man der Chef seines Innenlebens* ist. Möglicherweise haben auch Sie die Macht über Ihr Innenleben abgegeben und lassen sich von fremden Gedanken und Programmen steuern.

Doch es steht Ihnen jederzeit frei, die Macht wieder zurückzuerobern. Wenn es der erste Schritt ist, die Initiative wieder zu ergreifen, ist es der zweite Schritt, die *Voraussetzungen für eine grundlegende Änderung zu schaffen*. Die wichtigste Voraussetzung für eine Veränderung ist, *das, was ist, vollkommen zu akzeptieren*.

Machen Sie sich bewusst: Wenn wir mit etwas wie unserem Beruf und unserer Arbeit unzufrieden sind und leiden, dann ist die Ursache unseres Leidens immer darin zu sehen, dass wir *das, was ist, nicht akzeptieren können.* Wir hätten es gerne anders: einen anderen Chef, andere Kollegen, ein anderes Arbeitszimmer, andere Arbeitsaufgaben, eine andere Arbeitszeit, einen anderen Arbeitsort, gar eine andere Tätigkeit, eine andere Firma, einen anderen Beruf. Unzufriedenheit und Leid sind sozusagen der Schmerz zwischen Ist und Soll.

Fragen Sie sich, was Ihre jetzige berufliche Tätigkeit *von Ihrem Traumberuf unterscheidet.* Wie spüren Sie diesen Unterschied, diese Diskrepanz?

Was fehlt Ihnen?

Was macht Sie unzufrieden?

Woran leiden Sie am meisten?

Vielleicht ist Ihnen der Soll-Zustand gar nicht mehr richtig bewusst, weil Sie ihn verdrängt haben. Es ist wichtig, sich dessen wieder bewusst zu sein. Nicht nur, um das Ausmaß der Frustration besser zu erkennen, sondern auch um sich endlich auf den Weg zu Ihrem Traumberuf zu machen und Ihre Berufung und Bestimmung zu leben!

Um diese berufliche Unzufriedenheit und Frustration zu beenden, ist es zunächst einmal wichtig, ihre Tragweite zu erkennen:

Haben Sie überhaupt noch Träume oder sind sie schon begraben? Machen Sie sich eine *Liste* und schreiben Sie Ihre Träume auf! Geben Sie Ihrem Leben einen Beweis, dass Sie sich wieder für Lebensträume bereit fühlen.

Machen Sie dann eine *zweite Liste, schreiben Sie auf,* was Sie alles an Ihrer jetzigen Arbeit stört. Alles gehört in diese Liste. Vom Aufstehen in der Frühe über die Anfahrt, die Arbeit selbst bis zu Urlaubsplänen. Was nervt Sie alles? Was würden Sie anders machen, wären Sie der Chef?

Spüren Sie das Ausmaß Ihrer Unzufriedenheit, Ihrer Frustration, Ihres Leidens, der unerfüllten Sehnsüchte. Sie spüren es nicht im Kopf, sondern im Bauch oder im Herzen. Welchen Schaden haben Sie an Körper, Geist und Seele durch eine ungeliebte Arbeit schon genommen? Machen Sie eine *dritte Liste, in der Sie festhalten,* welche »Störungen« aus Ihrem Beruf kommen könnten: Welche Krankheiten habe ich immer wieder? Welche Gefühle überströmen mich immer wieder? Welche negativen Gedanken verbinde ich mit meiner Arbeit?

Ziehen Sie eine Berufs-Bilanz. Lesen Sie bitte erst weiter, wenn Sie die drei Listen erstellt haben, da wir sie für die nächsten Schritte brauchen. Wir wollen Punkt für Punkt zu einer akzeptierenden Einstellung kommen.

Machen Sie sich bewusst: ***Akzeptieren ist nicht dasselbe wie gutheißen. Akzeptieren heißt einfach: So ist es und nicht anders. Das ist einfach die Realität!*** Der Schritt, alles zu akzeptieren, so wie es ist, ist ein Schritt in die *unvoreingenommene Wahrnehmung der Realität.* Denn wenn wir noch nicht in der Realität angekommen sind, können wir diese Realität auch nicht ändern. ***Akzeptieren heißt: nicht bewerten (das gefällt mir nicht!), sondern beobachten (so ist es!).***

Mit anderen Worten: Was wir *nicht* akzeptieren können, widersetzt sich, leistet Widerstand, wird bokkig, blockiert und wird gegen Veränderungen immun. Was wir dagegen akzeptieren, kann zu 100 % losgelassen werden, und *was wir loslassen, das verändert sich.*

Das folgende Märchen vermittelt: *Alles ist gut, so wie es ist,* und erklärt das Gemeinte auf eine einprägsame Weise:

Es war einmal ein Kalif. Der wollte gern alle Weisheiten erfahren. Da ihn aber seine Regierungsgeschäfte im Palast festhielten, schickte er jedes Jahr seinen Großwesir zu einem Weisen im Lande, damit er wieder eine neue Weisheit für ihn erlerne. Jedes Mal wartete er voller Ungeduld auf die Rückkehr seines Großwesirs.

Und als dieser wieder einmal von einer Reise zurückkehrte, fragte ihn der Kalif gleich: »Nun, welche Weisheit hast du dieses Mal mitgebracht?« Der Großwesir antwortete: »Alles ist gut.«

»Schön«, sagte der Kalif, »was hast du noch gelernt?« Aber der Großwesir sagte wieder nur: »Alles ist gut, so wie es ist.«

»Das mag ja sein«, erwiderte der Kalif jetzt schon ungeduldig, »aber welche Weisheit hast du denn noch mitgebracht?« Doch der Großwesir antwortete wieder nur: »Alles ist gut, so wie es ist.«

Jetzt wurde der Kalif richtig wütend, denn damit war er gar nicht zufrieden. Und um sich abzulenken, ließ er seinen Barbier rufen, um ihm den Bart zu schneiden. Weil der Kalif aber so wütend und unruhig war, schnitt ihn der Barbier aus Versehen in die Wange.

Da wurde der Kalif erst richtig wütend und ließ seinen Barbier in den Kerker werfen.

Seinen Großwesir fragte er aber nur: »Findest du auch das gut, dass mein Barbier mich in die Wange geschnitten hat?« Der Großwesir aber antwortete wieder ganz ruhig: »Alles ist gut, so wie es ist.« Jetzt wurde der

Kalif so wütend wie nie zuvor und ließ sogar seinen Großwesir in den Kerker werfen.

Und um seine Ruhe wiederzufinden, ließ er sein Pferd satteln und ritt wütend immer weiter und weiter, ohne auf Weg und Steg zu achten, und kam so in das Land der Menschenfresser. Die fingen ihn ein und wollten ihn gerade fressen, da entdeckten sie den Schnitt in seiner Wange, und angewidert setzten sie ihn auf sein Pferd und schickten ihn zurück, denn sie fraßen nur makellose Menschen.

Der Kalif ritt froh und dankbar wieder nach Hause und machte sich Vorwürfe wegen seiner Ungerechtigkeiten. Denn erst jetzt erkannte er die Weisheit und wie gut es war, dass der Barbier ihn geschnitten hatte.

Als er im Palast angekommen war, ließ er sofort den Barbier frei und öffnete selbst seinem Großwesir die Kerkertür und entschuldigte sich immer wieder für seine große Ungerechtigkeit.

Aber der Großwesir antwortete wieder nur: »Alles ist gut, so wie es ist.« Darauf sagte der Kalif: »Wenn ich nicht noch so traurig und betroffen wäre wegen meiner Ungerechtigkeit, könnte ich schon wieder wütend werden wegen dieser Worte von dir. Was kann denn daran gut sein, dass ich dich in meinem ungerechten Zorn in den Kerker werfen ließ, nur weil du mir eine Weisheit sagtest, die ich damals noch nicht verstand?«

Aber der Großwesir sagte wieder nur: »Alles ist gut, so wie es ist. Denn siehe, wenn du mich nicht hättest in den Kerker werfen lassen, wäre ich selbstverständlich wie immer bei deinem Ritt an deiner Seite gewesen und mit dir gefangen worden. Mich hätten die Menschenfresser aber gefressen, denn mein Körper ist makellos!«

Hinter dem, was uns als Chaos erscheinen mag, verbirgt sich – je nach Sichtweise – eine tiefere oder höhere Ordnung. Wenn wir das, was ist, vorurteilslos akzeptieren, dann können wir Zugang zu dem eigentlichen Sinn der darin verborgenen Ordnung bekommen: »Alles ist in Ordnung, so wie es ist!«

Wenn wir einen Schritt weitergehen, können wir gerade in der Akzeptanz dessen, was ist, einer bewussten Lebensführung entgegengehen. Achtsamkeit gehört zu den wichtigsten spirituellen Tugenden und bedeutet im Grunde nichts anderes, als *die Dinge wahrheitsgemäß zu sehen*. Wir legen die verzerrende Brille der Wut und Enttäuschung, der Sorgen und Ängste ab und betrachten das, was ist, ohne jedes Gefühl und Urteil.

So kann die Unzufriedenheit im Beruf nur ein Anlass dazu sein, spirituell zu wachsen. Der Beruf wird so zu einem Trainingsfeld für *inneres Wachstum. Alles, was uns widerfährt, birgt eine Chance, die wir nutzen können. Doch bevor wir sie nutzen, müssen wir sie annehmen.*

Gehen Sie jetzt bitte Ihre *zweite Liste* (die Liste der Unzufriedenheit) Punkt für Punkt durch. Verweilen Sie bei jedem einzelnen Punkt so lange, bis Sie alle Gefühle und Urteile losgelassen haben und ganz tief in Ihrem Herzen sagen können: So ist es, und es ist in Ordnung so. Lösen Sie allen Widerstand auf: Das ist einfach die Realität! Möglicherweise gibt es *hartnäckige Punkte,* die Sie nicht so einfach akzeptieren können. Sie werden z. B. von Ihrem Vorgesetzten gemobbt. Und das ist für Sie absolut nicht akzeptabel.

- Durchleuchten Sie, *warum* Sie diese Situation nicht akzeptieren wollen. Was ist das tiefer begründete *Motiv und das* zugrunde liegende *Gefühl*, wie ist die darunter verborgene *Verletzung*?

- Können Sie ähnliche Situationen in Ihrem Leben erkennen?

- Können Sie z. B. feststellen, dass Sie Schwierigkeiten haben, anderen Menschen Grenzen zu setzen und dass Sie sich leicht missbrauchen lassen?

Nun könnte der nächste Schritt folgende Einsicht sein: Gut, dass ich das *jetzt* erkannt habe. So können Sie Ihr tiefer liegendes Problem und gleichzeitig seine aktuelle Erscheinung z. B. im Verhalten Ihres Chefs akzeptieren. Indem Sie diese tiefere Ebene erkennen und akzeptieren, löst sich auch der Widerstand in Ihrem oberflächlichen Verhalten auf. Nutzen Sie also jeden Punkt Ihrer beruflichen Frustration zu einem Anstoß der Selbsterkenntnis und der Schaffung einer neuen Ruhe und Gelassenheit.

Gehen wir noch einen entscheidenden Schritt weiter. Wenn Sie alle Ihre Leidenspunkte akzeptieren, werden Sie innere Befreiung erfahren. Es folgt ein inneres Aufatmen, die Lösung von Spannung, Ruhe und Gelassenheit und vielleicht sogar ein Hauch von Glück.

Erkennen Sie jetzt: nicht nur in Ihrem Beruf ist alles in Ordnung. *Sie stehen immer am richtigen Platz!* Es gibt nichts Falsches und Richtiges, alles hat seinen Zweck. Wer sein Leben grundlegend verändern möchte, wird feststellen, dass das *nur auf dem Platz möglich ist, wo er sich jetzt befindet.*

Ihr ganzes Leben war ein einzigartiges Ausbildungsprogramm, um Sie genau dorthin zu stellen, wo Sie jetzt sind. *Alle Erfahrungen in Ihrem Leben waren wichtig, und genau deshalb sind Sie jetzt so, wie Sie sind.* Und wenn Sie jetzt mit sich rundherum zufrieden sind, kann Ihr Leben immer nur in Ordnung sein. Wenn Ihnen das bewusst ist, können Sie dem Leben jetzt ein ganz herzliches »Dankeschön!« senden.

Neue Zufriedenheit im Job

Bevor die großartigen Aufgaben zu lösen sind, gilt es die kleinen Aufgaben großartig zu meistern.

Wohin Sie die Lösung Ihrer Berufskrise am Ende auch führen mag, sie wird immer *in Ihrer Arbeit eine neue Zufriedenheit schaffen.* Lassen Sie mich das etwas genauer begründen: Sie haben erkannt, *dass Sie sich am richtigen Platz befinden.* Wenn Sie diesen Platz wirklich *optimal ausfüllen,* werden sich Ihnen Türen für Besseres öffnen. Vielleicht werden Sie endlich befördert, und Sie können alles in einem neuen Licht sehen.

Vielleicht werden Sie auch bald Ihren Beruf wechseln. Doch auch dann macht es mehr Sinn, wenn Sie jetzt noch einmal alles geben! Gehen Sie an die Grenzen dessen, was Ihnen Ihre Arbeit zu bieten hat. *Erst wenn Sie die Grenzen ganz ausschöpfen, können diese überwunden werden.* Die Alternative, sich im Kreise zu drehen, ist wohl eher eine Flucht als eine Alternative. Auf alle Fälle kein optimaler Ausgangspunkt, um die Berufskrise zu lösen und einen zufriedenstellenden Ausweg zu finden.

Alles ist in Ordnung. Das ist ein Fakt. Wenn wir etwas in dieser unerkannten Ordnung nicht mögen und weil wir nicht damit einverstanden sind, nennen wir es Unordnung. Uns stören der Ablauf, die Umstände oder eine Situation an sich. Was wirklich stört, ist aber nur, dass wir gegen diese Umstände sind. Wären wir dafür, wäre ja alles in Ordnung. Weil wir dagegensteuern, wird es zur Unordnung. Es ist also UNSER Widerstand, der Unordnung erzeugt. Niemals können es die Umstände sein. Wir können mit ihnen ja jederzeit einverstanden sein.

Hinter jedem Ereignis verbirgt sich eine Botschaft. Was uns in irgendeiner Weise »stört«, ist eine Botschaft des Lebens. Es gilt *diese Botschaften wahrzunehmen und zu entschlüsseln*:

- Was will mir das Leben sagen?

- Was ist die Herausforderung?

- Worin besteht mein Wachstum?

Da ist zum Beispiel ein Kollege, der nicht mehr grüßt. Das nervt mich. Das ist zwar in der Ordnung, wird aber von mir als Unordnung eingestuft, weil ich mit seinem Verhalten nicht einverstanden bin. Er stört die Zufriedenheit in meinem Job. Wenn er grüßen würde, wäre es schöner.

Also:

1. *Was ist die Frage?*
2. *Was ist die Herausforderung?*
3. *Was ist die Botschaft?*
4. *Was ist die Chance zum Wachstum?*

1. *Die Frage:* Spiegelt er irgendetwas in meinem eigenen Verhalten wider? Welchen Menschen gegenüber bin ich kühl? Oder vielleicht genau das Gegenteil: Wo bin ich aufdringlich freundlich? Reagiert er einfach auf meine Aufdringlichkeit? Verhält er sich auch anderen Kollegen gegenüber so? Warum stört mich sein Verhalten? Warum kann ich ihn nicht akzeptieren? Warum nehme ich das persönlich?

2. *Die Herausforderung:* Was könnte ich tun, um ihn zu einem anderen Verhalten mir gegenüber zu bewegen? Wie wäre es mit einem Kompliment? Kenne ich sein Hobby? Könnte ich ihm etwas schenken? Sollte ich ihn anders grüßen? Wie wäre es mit einem inneren »Friede sei mit dir!«, wenn ich an ihn denke?

3. *Die Botschaft vor allen tieferliegenden Botschaften: Alles, was mich stört, hat immer etwas mit mir selbst zu tun.* Ich kann den anderen nicht ändern, nur mich selbst. Aber indem ich mich selbst ändere, ändert sich alles um mich herum.

4. *Die Chance zum Wachstum liegt darin*, die Augen offen zu halten und alles, was mir widerfährt,

als Aufforderung zu verstehen. Nur so kann ich Fesseln sprengen, Grenzen überwinden und im eigenen inneren Wachstum voranschreiten. So kommen Sie in Ihren Lebensfluss. Und wenn Sie dem Leben vertrauen, dann wird dieser Fluss zum Ziel Ihres Lebens tragen.

Alleine sich diese vorhergehenden Fragen zu stellen, kann Ihnen neue Einsichten bescheren und zu einer neuen Zufriedenheit im Beruf verhelfen.

Diese Zufriedenheit kann Ihnen die Chance geben, Ihr berufliches Leben ganz zu transformieren. Was könnten solche *Maßnahmen der Transformation* sein?

▶ *Erste Maßnahme:* Geben Sie sich einen bestimmten Zeitraum, in dem Sie sich dazu verpflichten, Ihre Arbeitsaufgaben zu 120 % optimal zu erfüllen. Das heißt, mehr zu tun, als es Ihre Pflicht ist. Geben Sie allen und auch Ihrer jetzigen beruflichen Tätigkeit noch einmal eine optimale Chance und seien Sie ein Vorbild. Gehen Sie an die Grenze dessen, was Ihr Job für Sie an Erfüllung hergeben kann.

▶ *Zweite Maßnahme:* Schaffen Sie um sich eine Atmosphäre der Sympathie. Es darf niemanden geben, den Sie nicht grüßen oder zu dem Sie unfreundlich sind. Alle sind einen herzlichen Gruß wert. Sagen Sie, was Sie wirklich bewundern – und dann erwarten Sie nichts. Gehen Sie nicht davon aus, dass Sie Ihre Saat am gleichen Tag noch ernten können. Irgendwann wird auch ein noch so versteinertes Herz weich werden und Ihnen Sympathie entgegenbringen. Auch Geduld ist eine wichtige Tugend, die Sie jetzt lernen können.

▶ *Dritte Maßnahme:* Es geht nicht darum zu kämpfen, weil im Kampf alles eskaliert. Aber es kann auf der anderen Seite auch nicht darum gehen, alles einzustecken. Es ist wichtig, dass Sie für sich klar definieren, wo die Grenzen sind: Was können Sie nicht mehr erlauben und durchgehen lassen? Ergreifen Sie Gegenmaßnahmen erst, wenn sich Ihre Wut gelegt hat. Überschlafen Sie alles, und dann ergreifen Sie angemessen die Maßnahmen zu Ihrem Schutz. Dabei geht es um Ihren Schutz und Respekt und nicht um einen Angriff auf andere. Es geht um Klarheit und Respekt!

▶ *Vierte Maßnahme:* Werden Sie in Ihrer Arbeit kreativ! Selbst wenn die Aufgabenstellung langweilig sein sollte. Sie können auch aus der kleinsten Gesprächsnotiz etwas Aufsehenerregendes machen. Machen Sie ab jetzt sogar alle kleinen Aufgaben großartig. Alles, was ich tue, ist es wert, auf großartige und achtungsvolle Weise getan zu werden.

▶ *Fünfte Maßnahme:* Stellen Sie sich ständig die Frage: »Wie könnte es besser gehen?« Lassen Sie damit Ihr Leben zum Bündnispartner werden. Ihr Leben unterstützt Sie, aber es braucht auch konkrete Aufgaben von Ihnen! Stellen Sie sich vor, Sie haben einen Ihnen dienenden Geist, der alle Ihre Wünsche erfüllen könnte. Aber Sie ignorieren ihn einfach, beachten ihn nicht, geben ihm keine Aufgaben. Also fragen Sie jetzt Ihren Geist: »Wie geht es besser?« Und Sie werden feststellen: Sie bekommen auf alle Ihre Fragen über kurz oder lang eine Antwort! Häufig über Nacht. Sie werden überall kreative Lösungen finden! Schaffen Sie diese kreativen Lösungen erst in Ihrem Einflussbereich, an Ihrem Arbeitsplatz. Dann machen Sie Veränderungsvorschläge in Ihrer Firma. Aber – wie gesagt – bringen Sie erst einmal Ihren eigenen Arbeitsplatz in Ordnung.

▶ *Sechste Maßnahme:* Machen Sie aus Ihrem Arbeitsplatz einen Kraft-Ort! Er muss von Ihrer Individualität geprägt sein! Pflanzen, Bilder, Sprüche, Kerzen, Aromalampe etc. Es ist der Ort, an dem Sie sich viele Stunden des Tages wohl fühlen sollen. Haben Sie zwischendurch die Möglichkeit, z. B. Entspannungsmusik zu hören? Ihr Platz sollte zu einer Oase in der Wüste werden. Ist das nicht eine tolle Möglichkeit, Initiative zu ergreifen?! Gibt es für Sie Dinge, die eine ganz besondere Bedeutung haben (andere müssen es nicht wissen)? Haben Sie ein Tier, mit dem Sie sich identifizieren können (Löwe, Adler ...), Ihr ganz persönliches Krafttier? Stellen Sie ein Foto dieses Krafttieres bei sich auf. Kleben Sie auf Ihren Telefonhörer einen Smiley. Kleben Sie an den Rand Ihres Bildschirms ein Herz. Wenn Sie den Blick darauf werfen, wissen Sie, dass Sie wieder ein paar Sekunden Ihren Atem wahrnehmen und ins Herz atmen können. Lassen Sie Ihrer Kreativität freien Lauf!

▶ *Siebente Maßnahme:* Tun Sie auch etwas für sich! Tun Sie etwas für Ihren Körper, Ihre Gesundheit, Ihre Vitalität. So können Sie Stress und Konflikte im Betrieb viel besser verkraften. Entspannung, Bewegung, Ernährung, Entsäuerung – um nur ein paar Stichworte zu nennen. Genießen Sie Ihre Freizeit und bringen Sie diese Kraft mit auf Ihren Arbeitsplatz.

▶ *Achte Maßnahme:* Sie steht hier jetzt an letzter Stelle, weil es die hohe Schule ist, die Zufriedenheit an Ihrem Arbeitsplatz zu erhöhen. Schreiben Sie sich alle festgefahrenen Konflikte aus der Vergangenheit auf, das, was Sie bisher nicht verzeihen konnten und immer noch nachtragen. Wahrscheinlich sehen Sie den Anteil des anderen am Konflikt wesentlich größer. Gerade wegen Ihres geringeren »Verschuldens« ergreifen Sie die Initiative und warten Sie nicht darauf, dass es der andere tut. Fragen Sie zuerst, was *Ihr* Anteil am Konflikt war, und *verzeihen Sie sich* Ihre eigenen Fehler. Und dann *verzeihen Sie dem anderen.* Nachdem Sie sich beiden verziehen haben, können Sie vielleicht den Irrtum entdecken, dass keiner von Ihnen beiden Schuld hatte. Keiner tut etwas. Dinge geschehen!

Arbeit als Freude

Buddha sagte: „Es gibt keinen Weg zum Glück. Glück ist der Weg. Den Weg der Freude, den Weg des Glücks zu gehen, ist eigentlich das größte Lebensgeheimnis." Gerade in der ziel- und erfolgsorientierten Berufswelt geht meistens der Sinn für das Wesentliche verloren: Freude und Glück nicht erst als zukünftiges Lebensziel zu sehen, sondern bei jedem Schritt zu erfahren.

Wir sind wieder da, wo wir am Anfang unseres Themas waren: »Tue bei der Arbeit, was dir Freude bereitet!« aus dem Tao Te Ching. Wenn wir unsere Berufswelt Schritt für Schritt verändern wollen, kann es nur auf dem Weg der Freude und des Glücks geschehen.

Heute heißt es: »Erst die Arbeit, dann das Vergnügen.« Heute ist man immer noch der Auffassung, wenn man an einer Tätigkeit Freude hat, kann es keine seriöse Arbeit sein, mit der man seinen Lebensunterhalt verdient. Letztlich definieren wir Arbeit als etwas, das keinen Spaß macht, schwerfällt und wofür wir bezahlt werden. Wenn Arbeit etwas Freudloses ist, was für eine Einstellung haben wir dann zu Geld, das wir als »Äquivalent« für diese Arbeit bekommen? Wir haben eine fatale Gleichung: Arbeit = Geld = Zeit. *Materialistisch orientierte Arbeit macht alles in dieser Gleichung zur Last, zum Frust, zum Mangel, zur Quelle von Stress und Unzufriedenheit, Unglück, Ärger und Sorge.* Wenn umgekehrt *Arbeit zu einer Quelle der Freude* wird, dann ändert sich auch die Qualität dieser Gleichung.

Es käme einer Revolution auf diesem Planeten gleich. *Aber Freude kann man nicht diktieren.* Den Weg der Freude kann nur jeder Einzelne für sich entdecken und gehen. Und das ist erst einmal *die Hinwendung nach innen,* die Entdeckung dieser Quelle in uns selbst.

Bevor wir unsere äußere Arbeit zu einem Ausdruck der Lebensfreude machen können, werden wir ein Stück *innerer Arbeit* leisten müssen, um an diese Quelle der Freude heranzukommen. *Alles loslassen, was unsere Lebensfreude behindert, ist ein Prozess, der Geduld einfordert.* Diese »innere Arbeit« ist nichts anderes, als uns auf unsere Spiritualität, unser Herz zu besinnen.

Wie nahe sind Sie der Quelle Ihrer Freude? Bitte prüfen Sie folgende Affirmationen. Können Sie Ihnen schon uneingeschränkt zustimmen?

Ich bin liebenswert und ich fühle mich geliebt.

Die Beziehung zu meinen Arbeitskollegen und Mitarbeitern ist voller Freude.

Ich bin es wert, Freude zu erleben.

Ich bin für meine Mitmenschen ein Magnet der Freude.

Ich bin mein bester Freund bzw. meine beste Freundin.

Ich bin offen für uneingeschränkte Lebensfreude.

Ich freue mich auf meine Arbeit.

Ich freue mich daran, selbstverantwortlich zu sein.

Ich freue mich und bringe Freude in das Leben meiner Mitmenschen.

Ich freue mich, dass ich mich freuen kann.

Ich freue mich, dass ich mich selbst annehmen kann.

Ich fühle die unversiegbare Quelle der Freude in mir.

Ich liebe mich so, wie ich bin.

Ich mache jede Aufgabe mit Freude.

Ich sehe in jeder Aufgabe eine Herausforderung, andere zu erfreuen.

Ich stehe zu mir und gehe meinen Weg voller Freude.

Ich übe mich darin, mein Leben mit immer mehr Humor zu genießen.

*Immer mehr Freude geht von mir aus, und immer
mehr Freude kehrt zu mir zurück.*

*In jeder Situation erkenne ich etwas Gutes.
Das erfreut mich.*

Mein Herz hüpft vor Freude.

*Meine Arbeit ist Ausdruck meiner Freude und erfreut
andere Menschen.*

*Meine Beziehungen zu anderen Menschen erfreuen
mich immer mehr.*

Der Weg der Freude zeigt, dass jeder Einzelne diesen
Weg für sich gehen muss und jeder Einzelne ankom-
men wird. Die Menschheit braucht Menschen, für die
Arbeit reine Freude, nämlich Ausdruck ihres Lebens-
glücks ist.

Freude und Glück sind wie ein Kompass. Ob wir
auf dem richtigen Weg oder auf dem Holzweg sind,
obliegt unserem individuellen Empfinden. Wer sich
nicht an den Prunk bindet, ist bereits auf dem Weg
ins Glück.

Ausklang: Vom Beruf zur Berufung

Wer Großes vollbringen will, muss leben, als ob er niemals sterben würde.

Der Arbeitsplatz soll ein Ort der Freude und der Selbstverwirklichung sein. Das Geldverdienen ist wichtig und lebensnotwendig, soll aber nicht vordergründig sein. Der Beruf sollte etwas sein, *wofür* man lebt, und nicht nur etwas, *wovon* man lebt. Dann wird der Beruf zur Berufung und ein Weg zu einem erfüllten Leben. Natürlich setze ich mich in einem Beruf, der meine Berufung ist, auch nie zur Ruhe. Denn warum sollte ich mit der Freude aufhören, wenn ich ein bestimmtes Alter erreicht habe?

In dem Wort »Beruf« ist das Wort »Ruf« enthalten. Irgendwann muss ich mich entscheiden, ob ich bereit bin, dem Ruf auch zu folgen. Ich sollte mir auch bewusst machen, als was ich diesem Ruf folgen will. Ich muss mich entscheiden, ob ich mein Ego oder mein wahres Selbst glücklich machen will. Will ich mein

Ego glücklich machen, dann suche ich möglichst kurze Arbeitszeiten, möglichst wenig Anstrengung, Auszeichnungen, Beförderung, viel Urlaub, natürlich auch viel Geld und eine hohe Rente. Wünsche ich mir ein hohes Ansehen und Anerkennung? Will ich überlegen sein und für das, was ich tue, geliebt werden? Bin ich bereit, Kompromisse einzugehen und mich nach den Gegebenheiten zu richten?

Wenn ich mich selbst glücklich machen will, gibt es keine Kompromisse mehr, da es einfach stimmen muss. Berufliches Image wird unwichtig. Worauf es ankommt, ist, im Einklang mit mir und der Schöpfung zu leben und darin Erfüllung zu finden. Habe ich mich dafür entschieden, dann freue ich mich jeden Morgen auf die Arbeit. Denn mein Arbeitsplatz ist ein Ort der Selbstverwirklichung.

Natürlich gestatte ich dem Leben, mich gut dafür zu bezahlen, dass ich das tue, was mir ohnehin am meisten Freude bereitet. Wenn Arbeit helle Freude ist, werde ich auch sehr erfolgreich sein und Erfüllung in meinem Tun finden. Auch beruflicher Erfolg gehört zur Erfüllung, auch wenn er nicht für jeden Menschen bestimmt ist. *Jeder Mensch hat seine Bestimmung und jedes Leben erfüllt sich. Es erfüllt sich nicht, wie wir es wollen, sondern es erfüllt sich selbst.*

Um endgültig den Schritt zu Ihrer Berufung zu finden, können Sie sich fragen:

- Was kann ich besonders gut? Welche Fähigkeiten, Talente und Kräfte besitze ich?

- Was macht mir besondere Freude?
- Was sind meine Hobbys?
- Meine Wünsche?
- Was möchte ich den ganzen Tag tun?
- Was begeistert mich so richtig?
- Welche Ausbildung habe ich?
- Welche Ausbildung sollte ich haben?
- In welche Krisen hat mich mein Leben geführt?
- In welche Lektionen hat mich mein Leben geführt?
- Von welchen Vorstellungen sollte ich mich lösen?
- Welche Chancen bietet mir das Leben, das zu tun?
- Bisher – in diesem Augenblick – in der Zukunft?
- Auf welchen Platz hat mich das Leben gestellt?
- Wie kann ich diesen Platz noch besser ausfüllen?
- Was sollte ich lernen?
- Was sollte ich verlernen?
- Wenn könnte ich anders machen?
- Was wäre mein Wunschtraum?
- Wie sieht mein erwünschter Endzustand aus?
- Wie sieht meine Wunschbiographie aus?
- Welche Konsequenzen ergeben sich daraus?
- Was hindert mich eigentlich noch daran, das zu tun?
- Wann bin ich bereit, das Notwendige zu tun?

Wahres Glück ist es, das Leben unabhängig von den Umständen in vollen Zügen zu genießen. Besonders wichtig dabei ist, nicht nur seinen Beruf zur Berufung zu machen, sondern seine Tätigkeit als Weg zur Selbstverwirklichung zu erkennen.

So wandelt sich der Arbeitsplatz von einer Einkommensquelle über den Ort der beruflichen Entwicklung zum Raum für persönliche Entfaltung, zum Ort der Entdeckung des Lebens und der eigenen Erfüllung.

Dann brauchen Sie auch nie mehr zu arbeiten. Sie müssen nie mehr etwas Ungeliebtes tun und haben Urlaub für immer und gehen den Weg der Freude.

Vertrauen Sie sich der Freude an und lassen Sie sich von ihr führen.

So können Sie sich als Ihr Selbst nicht mehr verfehlen.

SELBSTSTUDIENPROGRAMME

MIT ZERTIFIKAT
ODER DIPLOM

in der Übersicht:

Mini-Lehrgang

"SCHNUPPERKURS":
DIE 7 SCHRITTE ZUR
ERFOLGSPERSÖNLICHKEIT

Kann auch einzeln gebucht werden!

Ausbildungs-Lehrgänge

ERFOLGS-COACH

MENTAL-TRAINER/IN

INTUITIONS-TRAINER/IN

BEWUSSTSEINS-TRAINER/IN

GESUNDHEITS- UND
ERNÄHRUNGSBERATER/IN

EHE- UND
PARTNERSCHAFTS-MENTOR/IN

Spezial-Lehrgang

SEMINARLEITER/IN

Praxis-Lehrgang

ERFOLG UND MUT ZUR
SELBST- UND GESCHÄFTSFÜHRUNG

Kurt Tepperwein

Wie erreiche ich meine Ziele?

Energetischer Impulsgeber zum Thema Wunscherfüllung

Die hohe Schule des Erfolgs:
Seminaressenzen

ISBN: 978-3-7392-1505-1

Diese Bücher-Reihe ist eine kostbare Sammlung bisher unveröffentlichter Seminaressenzen von *Kurt Tepperwein,* die beweisen, dass jeder Mensch sein Leben umgestaltet kann.
Mit Hilfe von grundlegendem Wissen können wir unser Leben in neue Bahnen lenken. Wagen wir den Schritt, die alten Wege zu verlassen und uns für etwas zu öffnen, das voller Überraschungen ist.

Kurt Tepperwein

Liebst du mich auch?

Energetischer Impulsgeber zum Thema Partnerschaft

Harmonische Beziehungen:
Seminaressenzen

ISBN: 978-3-7392-0448-2

Kurt Tepperwein

Gestalte dein Leben einfach neu!

Energetischer Impulsgeber zum Thema Alltagsführung

Sein eigener Lebensarchitekt sein:
Seminaressenzen

ISBN: 978-3-7392-1739-0

ISBN: 978-3-8370-0697-1

Kurt Tepperwein

Sinnfindung leicht gemacht!

Energetischer Impulsgeber zum

Kurt Tepperwein

ISBN: 978-3-7392-4871-4

Kurt Tepperwein

Selbstbewusst durchs Leben!

Energetischer Impulsgeber zum Thema Selbstwert und Sicherheit

SEMINARESSENZEN